# 마케팅
# 천재들의
## 비밀노트
## 350

천재들의 아카이브를
몰래 엿보다

# 마케팅
# 천재들의
# 비밀노트
# 350

마크 W. 셰퍼 지음

박지혜 옮김

THE MOST
AMAZING MARKETING
BOOK EVER

동양북스

**일러두기**

1. 이 책은 마크 W. 셰퍼와 세계적인 마케터 35명이 각 장을 맡아 집필에 참여했습니다. 다만 3장과 10장, 13장에는 두 명의 저자가 참여했으며, 로비 피츠워터는 2장과 22장에 참여했습니다.

2. 이 책에서 말하는 350가지의 아이디어는 편의상 지정했으며 실제로는 더 많은 수의 아이디어를 포함하고 있습니다.

3. 이 책에 등장하는 책 중에서 국내 출간된 책은 따로 영문 표기를 하지 않았습니다.

4. 이 책에 등장하는 이름이나 고유명사는 전부 국립국어원의 외래어 표기법을 기준으로 합니다.

# 어떻게 해야 잘 팔릴까?
# 마케팅 천재들의 비밀노트를 엿보다

미래학자가 전 세계에서 35명의 마케팅 천재들을 불러 모았다. 그리고 그들에게 최고의 마케팅 아이디어를 물어보았다. 어떤 일이 일어났을까? 세상에 없던 놀라운 책이 탄생했다. 그 책이 바로『마케팅 천재들의 비밀노트 350』이다.

휘황찬란한 마케팅의 시대다. 세상은 빠르게 변하고 마케팅의 방법도 천차만별이다. 이 책은 텔레비전, 신문, 라디오 광고가 전부인 줄 알았던 과거의 이야기부터 소셜 미디어, 인플루언서, 숏폼 마케팅을 넘어 새롭게 맞이하고 있는 인공지능AI, 웹3 마케팅까지 마케팅의 모든 것을 이야기한다. 바로 여기, 마케팅의 어제와 오늘 그리고 내일까지 바라보는 천재 마케터 36인이 이 중심에 모였다. 오늘날의 복잡하고 소란스러운 마케팅의 세계에서 당신의 비지니스가 돋보일 수 있는 핵심 정보를 준비했다.

## 미래학자가 선택한 마케팅 인사이트

먼저 이 책은 웹3 커뮤니티에서 만들어졌다. 세상은 읽기 전용의 웹 1, 읽고 쓰고 참여하는 웹2에서 읽고 쓰고 참여하고 '소유하는' 웹 3의 시대로 바뀌었다. 나는 웹3에 진심인 35명의 천재를 모아 책을 만들고자 했고, 이들을 메타버스로 한데 모았다. 덕분에 세계 각지에 살고 있는 이들은 웨비나Webinar(Web+Seminar로 온라인 컨퍼런스)로 모였고 『마케팅 천재들의 비밀노트 350』이라는 공동 프로젝트를 성 공적으로 이루어냈다. 실제로 그들이 속한 '라이즈RISE 커뮤니티'는 토큰화된 암호화폐에 의해 합쳐져 있고 NFT와 엮여 있으며 누구나 서버를 만들고 관리할 수 있는 채팅 서비스인 디스코드를 통해 조직 화됐다. 이 책을 펼쳐 든 당신, 새로운 도서 집필 시대를 직접 경험한 다는 자부심을 가져도 좋다.

## 마케팅 천재 36명이 전하는 이야기

두 번째, 이 책을 쓴 36명 저자의 마케팅 경력을 다 합치면 750년 이 상이다. 이 사실만으로도 놀랍지 않은가? 이 책은 우리가 직접 시도 하고 때로는 실패하면서 터득한 독창적이면서도 도움이 되는 아이 디어로 가득하다. 당신은 10개의 다양한 국가에서 마케팅 전문가로 이름 나있는 이들로부터 지금껏 들을 수 없던 마케팅 이야기를 듣게 될 것이다.

## 진화하는 마케팅, 변화하는 마케터

세 번째, 이 책은 지금도 전 세계 각 분야에서 마케터로 활발히 활동하고 있는 이들이 성심성의껏 집필했다. 나는 천재 마케터들에게 단순히 어느 블로그에서 찾을 수 있는 정보가 아닌 자신만의 통찰력을 담아달라고 요구했고 감사하게도 그들은 나의 요구를 들어주었다. 다시 말해 이 모든 아이디어들은 100% 인간에게서 나온 것이다. 이 책의 내용을 작성하는 데 챗GPT나 AI는 사용되지 않았다. 이 책에는 현재를 사는 각 분야 마케팅 전문가의 진짜 목소리가 담겨있다. 당신은 이 책에서 분명 새로운 아이디어를 발견할 수 있을 것이다.

## 마케팅에 진심인 당신을 위하여

마지막으로, 이 책은 마케팅을 사랑하는 우리가 온 마음을 다해 만들었다. 우리는 이 책으로 만날 당신을 기다리고 있고, 우리의 아이디어를 세상과 나누기를 기대하고 있다.

훌륭한 책을 탄생시키기 위해 한 글자, 한 문장에 구슬땀을 흘렸다. 그리고 실제로 우리는 세상에서 가장 놀라운 책을 탄생시켰다. 이 책을 구매해 준 당신에게 감사의 인사를 전한다.

마크 W. 세퍼Mark W. Schaefer

# 목차

+ PART 4 +

# 놓치기 쉬운 마케팅 : 마케팅 스탠다드

→ PART 5 →

# 다음엔 어떤 새로운 것이 등장할까? : 마케팅의 미래

# PART 1

# 무엇을
# 팔 것인지,
# 알고
# 시작하자

**마케팅의 시작**

# 1장

## 마케팅 전략

# 세계 최고의
# 마케터가
# 되는 법

**사만다 스톤**
Samantha Stone

사만다 스톤은 숨겨진 수익 잠재성을 발견하는 데 탁월한 마케팅 고수다. 그녀의 책, 『가능성을 펼쳐라 : 매출을 키우는 마케팅 플레이북(Unleash Possible : A Marketing Playbook that Drives Sales)』은 수천 명의 리더가 예측가능한 성장을 이루는 데 도움을 주었다.

🌐 www.unleashpossible.com

잘 팔기 위해서 무조건 유명한 마케터가 필요할까? 꼭 그렇지 않다. 유명하지 않은 당신도 가능하다. 대신, 지금 필요한 건 우리 사업에 대한 깊은 이해다. 마케팅 전략을 세우기 전에 짚고 넘어가야 할 것이 있다.

- 우리를 원하는 사람은 누구일까? 그는 왜 우리를 원할까?
- 재방문 고객의 특징은 무엇일까?
- 고객은 쇼핑하지 않을 때 어디서 시간을 보낼까?
- 가장 높은 이윤을 내는 상품이나 서비스는 무엇인가?
- 예상가능한 수익원은 무엇인가?
- 우리는 어디서 돈을 잃는가?
- 이루고자 하는 재정적 목표는 무엇인가?

마지막 질문에 대한 답은 곧 우리의 마케팅 전략의 답이다. 사업의 영역을 확장하거나 규모를 키우려고 하는가? 은퇴 후 바다가 보이는 집에서 살 것인가? 자식에게 물려줄 수 있을 만큼 오래 지속되는 비즈니스를 바라는가? 우리 상품이 고객의 선택을 받는 것, 그것이 자신에게 동기부여가 되는가? 마케팅 전략은 이런 개인적인 비즈니스 목표에서 출발해야 한다. 올바른 마케팅 전략을 수립하는 데 도움이 되는 다음의 10가지 방법에 대해 살펴보자.

# 1. 내가 원하는 건 어떤 마케팅일까?

어떤 마케팅이 좋은 마케팅일까? 마케팅의 성패는 수익이 결정한다. 마케팅 수익 측정을 위해 사용하는 마케팅 매트릭스는 마케팅 결과를 한눈에 보여준다. 하지만 이 자료만으로는 어떤 노력이 어느 매출로 이어졌는지 구체적으로 확인할 수 없다. 복잡한 경로를 거쳐 구매에 이르는 구매과정을 생각하면 마케팅 매트릭스에만 의존하는 것은 매우 위험하다. 결국 어떤 마케팅 활동이 더 좋은 마케팅 효과를 가져올지 생각해보는 건 우리의 몫이다. 어떤 마케팅 효과를 얻고 싶은지를 정하는 효과 목표impact goals를 정해보자.

- **재정적 목표** : 이는 반드시 객관적인 소득에 맞게 정해져야 한다. 영업 목표는 충족되었는가? 영업 기회가 실제 거래까지 이루어지는 과정인 파이프라인은 적절했는가? 모든 매출에 구체적인 마케팅 활동을 연결하지 못한다 해도 걱정할 필요는 없다. 결국 중요한 것은 마케팅에 들인 투자가 어떤 효과를 낳는지다.

- **시간** : 고객의 관심은 얼마 만에 구매로 이어지는가? 평균 거래액AOV, average order value은 얼마인가?

- **고객의 지지** : 우리에 대한 좋은 소문을 퍼뜨려 줄 고객은 몇 명이나 될까?

## 2. 돈을 잃으면서까지 사업을 고집하지 마라

예상되는 수익구조를 살펴보자. 가격을 책정하는 많은 전략 중 원가에 이익률을 고려하여 가격을 결정하는 방식인 원가가산법으로 계산해보자. 고객이 원하는 바를 제공하는 데에 얼마가 드는가? 여기에 그 고객을 찾는 비용과 예기치 못한 비용을 더하고 그 비용을 커버하는 데 필요한 수익까지 더하면 가격은 쉽게 나온다. 이때 가격이 정해졌는데도 끊임없이 할인을 원하는 고객이 있다면 어떻게 하겠는가? 무조건 가격을 내리는 것이 방도는 아니다. 우리의 수익을 생각하면 가격 인하가 아닌 다른 방안을 찾아야 한다. 상품의 제공 비용을 줄이거나 상품을 변화시키거나 아예 다른 고객으로 눈을 돌리는 방법도 고려해보자.

## 3. 야망에 맞는 예산을 정하라

마케팅 예산을 어떻게 측정해야 할까? 마케팅 비용을 줄이는 것만이 능사는 아니다. 대부분의 연구에서는 수익의 10%를 평균 마케팅 예산으로 제안한다. 하지만 이때 놓치는 게 하나 있다. 우리가 얼마나 성장하고 싶은지다. 예를 들어 신규 고객 수 대비 평균 거래액을 증가시키고 싶다면 투자 규모는 상대적으로 작을 수 있다. 반대로 아무도 우리를 알지 못하는 새로운 곳에서 사업을 시작한다면 인지도 기반을 쌓기 위해 더 많은 투자를 해야 할 것이다.

만약 기존 고객의 거래액을 증가시키려고 한다면 마케팅 예산은 수익의 2~5% 정도면 된다. 그러나 기존 비즈니스에 새로운 고객층을 키우길 바란다면 마케팅 예산은 수익의 10~12% 정도로 생각하라. 반면 완전히 새로운 사업을 시작한다면? 첫 6~12개월 이내 예상 수익을 토대로 마케팅 예산을 잡아라. 예측할 수 있는 매출 원동력을 갖기 전까지 마케팅 예산은 보수적일 필요가 있다.

## 4. 상황에 맞는 마케팅 채널을 고르자

자신의 비즈니스를 잘 이해한다면 고객 커뮤니케이션 채널의 최고 조합을 이끌어낼 수 있다. 예를 들어 내 컨설팅 사업은 다양한 가격대로 소수의 고객에게 고도로 개인 맞춤화된 오퍼를 제공한다. 이 경우에는 디지털 광고가 전혀 맞지 않는다. 반대로 내가 제공하는 온라인 강의와 책에는 디지털 광고가 아주 잘 맞는다. 반복해 제공할 수 있는 오퍼로 높은 매출을 올릴 수 있기 때문이다.

● 적절한 마케팅 조합 선택하기 ●

| 채널 | 마케팅 방법 | 팁 |
|---|---|---|
| 디지털 광고 | 디스플레이·비디오 광고, 클릭당 광고료가 지불되는 검색 광고 (pay-per-click search ads)등 | 많은 신규 고객을 대상으로 하거나 고객 프로필을 많이 확보하고 싶다면 이 채널을 우선순위에 두어라. |
| 인쇄 광고 | 신문, 옥외 광고 | 지리적 위치가 중심이 되는 사업을 하거나 서비스 지역이 중요한 경우 추천하는 방법이다. |

| | | |
|---|---|---|
| **언론 보도** | 지역 행사에 참여, 지역 뉴스 출연이나 업계 인터뷰 참여, 행사 강연자로 지원하기 | 경쟁력이 필요한 사업이지만 대중의 관심을 받지 못할 때 지역 특성을 바탕으로 충성도 높은 고객층을 키울 수 있는 좋은 방법이다. |
| **자체 행사** | 온라인 혹은 오프라인으로 진행될 수도 있고 교육적이거나 오락적인 행사일 수도 있다. | 고객을 초대할 수 있는 물리적 공간이 있다면 바로 진행하라. 이 방법은 고객 커뮤니티를 형성하기에 좋다. 관심 고객의 데이터베이스가 있다면 온라인 행사도 고려해보자. |
| **행사 후원** | 무역 박람회 부스 혹은 전시 테이블, 제삼자가 주최하는 온라인 행사에 후원하기 | 행사에 참여하는 고객층을 확인하라. 우리 목표 고객이 있을 곳을 찾아 후원을 결정하는 것이 중요하다. |
| **우편 광고** | 실제 발송되는 우편물은 전단지, 상품권 등 간단할 것일 수도 있고 상품 샘플이 될 수도 있다. | 실제 우편 발송 주소를 보유하고 있고 우리 사업 범위 내에 고객 타겟팅이 가능하다면 무수히 쏟아지는 온라인 광고를 뚫고 고객에게 닿을 수 있는 확실한 방법이다. |
| **이메일/ 문자/ 뉴스레터** | 고객이 관심 가질만한 콘텐츠를 노출하는 주기적인 홍보는 고객 커뮤니티 형성에 중요하다. | 콘텐츠를 꾸준히 발행할 자료가 없다면 이 방법은 아예 시작하지 마라. 연령대가 높은 고객에게는 문자를 통한 홍보는 피하고 어린 고객에게는 이메일 마케팅이 큰 호응을 얻지 못할 것이다. 이 방법은 고객 연령대에 대해 신중하게 생각하라. |
| **웹사이트** | 우리 비즈니스를 전용으로 다루는 웹사이트 | 사업 특성상 온라인 고객이 많은 편이고 고객 수를 대폭 늘리고 싶다면 웹사이트를 개설하자. 특히 많은 사람이 온라인으로 검색하는 상품을 판매하는 경우는 더욱 그렇다. |
| **소셜 미디어 페이지** | 소셜네트워크(링크드인·페이스북, 틱톡·디스코드·인스타그램·유튜브·클럽하우스 혹은 새로 등장하는 소셜 미디어)상에 존재하는 회사 페이지나 그룹 | 소셜 미디어 페이지는 웹사이트와 다르게 상호적이다. 우리 고객이 어디에서 시간을 보내길 좋아하는지 알 수 있다. 탄탄한 고객 커뮤니티를 만들고 싶다면 주기적인 업로드보다는 이 방법이 낫다. |
| **팟캐스트/ 라디오** | 라디오 쇼와 팟캐스트 광고 및 인터뷰 | 목표 고객에게 라디오가 익숙한가? 사업 분야와 연관이 깊은 팟캐스트가 있거나 사업 관련 게스트가 참여하는 팟캐스트가 있을 때 추천하는 방법이다. |

| | | |
|---|---|---|
| **선물 증정** | 선물 증정은 고객의 충성도를 높이는 방법이다. | 선물을 받을 수 없는 공무원, 대형 공기업 등 일부 고객을 제외하면 선물 증정은 호혜성을 쌓고 새로운 대화를 여는 좋은 기회. |
| **후원** | 지역 스포츠팀이나 유명 연예인을 후원하는 등 더 넓은 인지도를 지닌 대상을 후원하는 방법 | 비즈니스가 추구하는 가치, 제공하는 상품과 잘 맞아떨어진다면 후원은 좋은 성과를 낼 수 있다. 단, 우리 고객층과 분명한 연관이 없는 개인적 취미나 관심에 후원하는 것은 피하라. |
| **리더십 사고 콘텐츠** | 책, 교육 영상, 교육 프로그램 | 이 방법은 고객이 여러 의사 결정권자가 개입되는 복잡한 구매 프로세스를 거쳐야 할 때 필수적이다. 고객이 많은 계획을 필요로 하지 않고 충동적으로 구매하는 경향이 있다면 이 전략은 추천하지 않는다. |
| **협회** | 비즈니스 멤버십, 협회 멤버십 | 사업이 시장에 적합하고 협회 행사에 시간을 들여 참석할 수 있다면 협회를 활용할 만한 가치가 있다. |
| **리뷰** | 고객의 인증이 담긴 추천 글 | 리뷰를 강요할 순 없다. 하지만 구매 고객과 개인적인 상호작용이 있고 고객이 우리의 상품, 서비스와 관련하여 멋진 경험을 했다고 콕 집어 말할 수 있을 때는 리뷰가 좋다. |

## 5. 고객의 기억에 확실히 남아야 한다

우리가 판매하는 상품이나 서비스 외에 기억에 남을 만한 뜻밖의 요소를 더하자. 작지만 사려 깊은 제스처는 오래도록 기억된다. 한번은 선물을 주문한 고객에게 '카 쿠키car cookie'를 무료로 주는 작은 베이커리의 동영상을 본 적이 있다. 카 쿠키는 고객이 집으로 가는 동안 차에서 먹으라고 주는 선물이다. 별 것 아닌 것 같아도 고객은 두고두고 기억하고 어쩌면 주변에 그 베이커리를 소개할 수도 있다.

## 6. 24/7 고객과 소통하기

데이터는 고객이 왜 그렇게 행동했는지보다 어떤 행동을 했는지를 말해준다. 그래서 우리는 고객과 소통하며 고객이 왜 그렇게 행동했는지 알아보아야 한다. 고객과 소통하며 고객이 우리 비즈니스와 어떻게 상호작용하고 있는지 이해하라. 고객과의 대화 속에서 고객이 주시하는 트렌드를 찾아 그 가치를 함께 나누어보자. 고객이 우리 서비스 중 어떤 것에 가장 가치를 두는지 알 수 있는 귀한 기회다.

## 7. 경쟁사에 신경 쓸 시간에 고객에게 최선을 다하라

내가 사는 도시에는 던킨 커피숍이 여러 개 있다. 모두 다 완전히 똑같은 상품을 판매하지만 구태여 시간을 더 들여서라도 특정 한 지점에 가는 사람들이 있다. 왜일까? 그들은 자기가 늘 주문하는 메뉴를 기억하고 미소로 맞아주는 직원에게 커피를 사는 경험을 즐기기 때문이다. 다른 회사가 우리 상품과 서비스를 베낄 수는 있겠지만 당신이 고객을 어떻게 대하는지까지는 따라 할 수 없다.

## 8. 고객 데이터베이스를 소중히 하라

마케팅 데이터베이스는 현재 고객 및 목표 고객과 소통하는 필수적 도구이면서도 대개 큰 비용이 필요하지 않다. 메일 목록, 문자 메시지 수신 사전 동의 혹은 소셜 네트워크 그룹 참여 등으로 고객 스스로 우리를 찾게 하자. 옥외 광고에 QR코드가 보이도록 한다든지 결제 프로세스에 고객 등록을 위한 초대를 넣는 것 등 창의적인 방법을 떠올려보라.

## 9. 우리 직원을 소개합니다

아이스크림 케이크를 판매하는 미국의 패스트푸드 체인점, 데어리 퀸Dairy Queen 케이크 장식 담당자를 아는가? 열일곱 소녀를 따르는 틱톡 팔로워는 100만 명 이상이다. 그의 귀여운 창작물을 볼 때마다 당장 아이스크림을 사고 싶다는 생각이 든다.

만약 친구가 본인 직장에 관해 이야기하지 않으려고 한다면 어떨까? 직원 스스로 회사에 관해 자랑스럽게 이야기할 수 있는 환경을 만들어라. 직원이 친구에게 전달할 수 있는 특별 콘텐츠 또는 할인을 제공하거나 회사 내에서 일이 어떻게 진행되는지 보여주는 사진이나 영상을 업로드하는 것도 좋다.

## 10. 트리거 마케팅으로 고객을 잡아라

트리거 마케팅은 고객이 취하는 행동을 파악해서 구매로 이어지는 다음 행동을 예측하는 방법이다. 예를 들어 누군가 블로그를 방문했을 때 블로그 구독 권유창이 뜨는 것, 홈페이지에 처음으로 방문한 고객에게 환영 메시지 창을 띄우는 것 등이 있다. 다음 단계를 예측한다는 점이 다소 복잡해 보일 수 있지만 강력하고 효과적인 마케팅 방법이다.

# 2장

## 마케팅 믹스

# 4P :
# 잘 파는 사람의
# 특징

### 로비 피츠워터
Robbie Fitzwater

로비 피츠워터는 클렘슨 대학교(Clemson Uni-
versity)의 교육자이자 MKTG 리듬(MKTG rhythm)
의 설립자로, 전자상거래를 하는 기업들이 숨겨진 수
익 잠재성을 찾을 수 있도록 도와준다.

🌐 mktgrhythm.com

상품product, 가격price, 장소place, 홍보promotion의 4P는 마케팅 분야에서 가장 상징적이면서도 오래도록 유지되는 개념 중 하나다. 1960년 제롬 맥카시Jerome McCarthy가 도입한 이래로[1] 사람들은 논쟁을 벌여왔다. 그 논쟁의 중심에는 연관성relevance이 있다. 다시 말해, 60년도 훨씬 넘은 마케팅의 프레임워크framework, 4P가 여전히 가치 있을까? 간단히 답하자면 4P는 여전히 마케팅 의사 결정의 강력한 기반을 제공하는 유용한 전략이다.

역할의 전문화와 기술이 급속도로 발전하는 세상에서 마케터는 그 어느 때보다 도움받을 도구가 필요하다. 마케터는 4P 덕분에 더 전체적인 시각으로 마케팅 전략을 바라볼 수 있다. 그러므로 상품, 가격, 장소, 홍보는 과거 어느 때보다도 연관성을 지닌다. 앞으로의 디지털 세계에서도 4P는 더 개선될 것이다. 4P가 진화해온 모습 10가지를 살펴보고 마케팅 전략에 반영해보자.

## 1. 상품, 그 이상을 팔아라 `Product`

구매자에게 상품은 그 이상의 의미를 지닌다. 오늘날 '상품'은 상품을 중심으로 구성된 의미 체계를 포함한다. 관련된 이야기, 사회적 검증(리뷰나 추천글 등), 상품을 지지하는 부가 가치가 더해진 콘텐츠가 그렇다. 이 의미 체계에는 구매자와 기업 사이의 상호작용, 기업이 구매자의 이야기를 어떻게 끌어내는지 등도 포함된다. 상품(서비스) 간 경쟁이 그 어느 때보다 심화된 시장에서 우리 브랜드는 고객을 위해 어떤 경험을 제공할 것인지 터치포인트(서비스와 고객의 접점)마다 고객이 어떤 감정을 느끼도록 할 것인지를 의도적으로 설계해야 한다.

## 2. 구매 고객층을 만들어라 `Product`

누구든 열정적인 고객층을 방해할 수는 없다. 오늘날 마케터는 콘텐츠로 충성 고객층을 형성하고 나서 그들의 요구를 충족시킬 상품을 만든다. 고객층을 먼저 형성하면 고객의 문제를 분해하고 역설계하여 그들의 공감을 얻는 해결책을 도출할 수 있다는 장점이 있다. 또한 우리 기업과 소비자 사이의 거리를 줄임으로써 브랜드와 소비자 사이 피드백 고리는 더 탄탄해진다. 이때 인사이트는 더 풍부해지며 동시에 상품의 시장 적합성이 높아진다.

에밀리 와이스Emily Weiss는 2010년 자신의 블로그 인투 더 글로스 Into The Gloss를 만들어 열정적인 고객층을 형성했다. 그리고 2014년 고객층에 맞춘 4개의 제품을 출시했다. 그 결과 그가 운영하는 글로시에Glossier는 기업 가치 10억 달러가 넘는 기업으로 성장했다.[2]

## 3. 상품 후기에 집착하라 Product

우리는 이미 온라인 쇼핑몰을 통해 '상품 후기'가 의사 결정 과정의 한 단계가 되도록 훈련됐다. 사용자가 직접 남긴 추천 글은 '나쁜 경험'으로부터 이 시대의 소비자를 보호한다. 당신이 럭셔리 브랜드를 운영하거나 특별한 원칙으로 사업을 운영하지 않는 이상 반드시 구매자가 우리 제품의 리뷰와 콘텐츠를 대중과 공유하도록 권장해야 한다. 이때 사용자의 상품 후기가 소비자에게 좋은 영향을 가져다주지 못한다면 오히려 상품의 불가피한 죽음을 앞당길 뿐이라는 것을 주의하라.

## 4. 가격이 곧 브랜드다 Price

브랜드를 하나의 상품으로 포지셔닝하는 데 있어 꾸준히 가격을 낮추는 것만큼 빠른 방법은 없다. 동시에 오늘날 자주 언급되는 '거품을 뺀 가격'이란 결국 바닥까지 내려가는 가격 경쟁에 휘말려 들어가기 쉽다는 의미다.

할인된 가격에 상품을 팔아서 브랜드 가치를 절하시키는 위험을 감수하기보다 멀쩡한 상품을 불태워버리는 럭셔리 브랜드처럼 무자비할 필요까진 없다. 하지만 모든 제품이 항상 세일 상태이면 고객의 마음속에서 브랜드 포지션은 그 세일 가격으로 고정되어 버린다는 사실을 잊어서는 안 된다.

## 5. 고객은 돈 낼 준비가 되어있다 `Price`

다양한 채널을 통해 무엇에든 접근할 수 있는 세상에서 고객이 고려하는 건 단순히 상품의 가격만은 아니다. 예를 들어 얼마나 편리하게 상품을 받을 수 있는가? 혹은 구매한 곳에서 어느 정도의 안전성을 제공해 줄 수 있는가? 뭔가를 구매할 때 더 나은 배송을 위해 추가 배송료를 낸다든지 30일 이내 환불 보장 정책을 믿고 더 많은 돈을 낼 의향이 있는 것처럼 말이다. 일부 소비자들은 기업의 목적, 상품의 목적에 대한 믿음으로 더 많은 돈을 내기도 한다.

## 6. 어디서든 살 수 있는 세상 `Place`

상품 판매처는 점점 더 넓어지고 있다. 사실 우리가 고객과 상호작용하고 관계를 맺는 모든 곳이 판매처다. 최근 소비자가 다양한 유통 채널을 넘나들며 상품을 검색하고 구매할 수 있는 옴니채널 omnichannel 서비스가 보편화되면서(예를 들어 CJ올리브영, 아디다스 코리아 등) 고객은 기업 자체의 전자상거래 사이트, 파트너십을 맺은 소매업자, 아마존이나 월마트 같은 종합 쇼핑몰, 심지어는 우버이츠 UberEats나 인스타카트Instacart와 같은 제삼자 서비스로도 제품을 구매할 수 있다.

## 7. 어디에서 팔 것인가? Place

다양한 판매 채널을 효율적으로 관리하는 것 또한 중요하다. 각각의 판매 채널은 고유한 기회를 가지고 있다. 기업이 어느 채널에 얼마만큼 베팅할 것인지를 계산하려면 많은 요소를 다층적으로 고려해야 한다. 최근 각 기업에서 소비자 직접 판매 채널을 선호하는 이유는 중간 상인이 없어 높은 수익 가능성을 기대할 수 있기 때문이다. 또한 고객 한 사람 한 사람과 직접적인 관계를 맺으면서 고객 생애 가치를 극대화할 수 있다는 장점도 있다. 임대한 부지에 집을 짓기보다는 직접 소유한 부지에 집을 지어야 하는 것처럼 고객 경험에 있어서 더 많은 주도권을 확보해야 한다.

## 8. 일관성을 유지하라 Place

기업 내 유통과 사업, 두 부서는 서로 다를 수 있지만 소비자에게는 그렇지 않다. 소비자가 보는 것은 오직 기업 그 자체다. 기업은 채널 전체에 걸쳐 반드시 촘촘하게 유기적으로 연결되고 서로 같은 맥락에 있어야 하며 긍정적인 브랜드 경험을 제공할 수 있어야 한다.

여러 경로를 통해 구매하는 옴니채널 소비자는 우리에게 많은 수익을 가져다줄 것이고 우리의 매출을 담당하는 주 소비층이 될 것이다. 기업은 그들의 경험이 어떤지 확인해 보고 그들의 니즈와 욕구를 파악해야 할 뿐만 아니라, 기술 자체의 진화에 맞춰 우리 비즈니스를 진화하는 것도 중요하다.

## 9. 홍보는 더이상 단순하지 않다 `Promotion`

홍보는 제품이나 서비스를 세상에 알리는 방법이다. 과거에는 전통적인 광고 채널, 인쇄 광고, 후원, 거래, 체험, 증정품이 일반적이었고 이 모든 방법은 상품 수요에 초점을 맞추고 있었다. 그러나 정확히 얼마나 판매가 촉진되었는지는 알 수 없었다. 오늘날 우리는 고객이 브랜드와 함께하는 여정의 단계에 직접 다가가고 그들을 활성화하고 전환하며 사로잡을 수 있는 다양하고도 더 정확한 홍보를 진행한다. 소셜 네트워크부터 자연 검색organic search까지, 모든 것이 단순한 거래가 아니다. 전부 가치를 추가하는 과정이다.

## 10. 소비자는 사람으로부터 구매한다 `Promotion`

소비자의 마음을 울리는 메시지는 판매자에게서 나오지 않을뿐더러 오히려 판매자에게 나와서는 안 될 수도 있다. 디지털 공간에서는 지금도 많은 브랜드를 대상으로 거대한 소통이 이루어진다. 점차 소비자는 제품 홍보의 강력한 원동력이 되고 있다. 최근 말 그대로 '영향력 있는' 인플루언서(자기 전문지식을 중심으로 신뢰도를 구축한 일시적 유명 인사)가 등장하면서 그들의 고객층도 존재하게 되었다. 그들이 구축한 믿음과 신뢰에 편승해서 우리 기업의 상품 수요를 늘리는 것은 빠르고 효과적인 마케팅 방법 중 하나다.

# 3장

## 마케팅 조사

# 알고 싶은가?
# 질문하라!

## 마시 코넷, 프랭크 프렌더가스트
### Marci Cornett, Frank Prendergast

수많은 수상 경력에 빛나는 디지털 마케팅 전문가 부부 프랭크와 마시는 1인 기업가나 소규모 사업체의 온라인 성장을 돕는다. 링크드인이나 부부의 웹사이트에서 그들을 만날 수 있다.

🌐 www.frankandmarci.com

유명 신발 기업 컨버스Converse의 창립 100주년을 앞둔 어느 날, 컨버스의 마케팅팀은 엄청난 실수를 저지를 뻔했다. 다행히도 그 실수를 막은 것은 하나의 마케팅 조사였다.[3] 당시 최고 마케팅 경영자 제프 코트릴Geoff Cottrill이 수장을 맡고 있던 컨버스 마케팅팀은 '유서 깊은 농구 브랜드'로서 기업 이미지를 강화하고자 했다. 마케팅 조사 결과를 보기 전까지는 말이다. 하지만 마케팅 조사를 통해 드러난 것은 '고객은 유서 깊은 농구 브랜드로서의 컨버스에는 관심이 없다'는 사실이었다. 컨버스 마케팅팀은 고객의 가치에 초점을 맞추기 위해 마케팅 접근 방식을 완전히 뒤엎었다. 이후 9년간 코트릴의 팀은 컨버스의 마케팅 부문을 관장했고 컨버스의 기업 가치는 3억 5천만 달러에서 30억 달러로 성장했다.

컨버스가 대기업이기 때문에 그렇게 할 수 있었을까? 아니다. 마케팅 조사는 가성비가 뛰어난 마케팅 중 하나로, 우리 기업에도 적용해볼 만하다. 사람들의 피드백을 쉽게 모을 수 있는 디지털 도구가 생겨나면서 마케팅 전략을 개선하기도 쉬워졌다. 다음 팁을 읽고 나면 당신은 성공적인 고객 중심 마케팅을 위한 효과적인 방법을 찾을 수 있을 것이다.

## 1. 가장 쉬운 가성비 마케팅 방법

오늘날의 마케팅 조사는 비교적 쉽다. 포커스 그룹 인터뷰, 1대1 인터뷰, 간단한 설문조사 모두 인터넷이 연결된 노트북 한 대면 충분하다(물론 필요에 따라서는 오프라인 조사도 가능하지만 기업과 소비자 모두 경제적인 온라인 조사를 선호하는 편이다). 인구학적 통계자료, 관심사, 행동 등과 관련된 방대한 양의 데이터도 제삼의 조사 기관 웹사이트를 통해 쉽게 구할 수 있다. 소비자 관찰 연구도 세션 녹화 앱, 히트맵 소프트웨어 분석을 통해 가능하다. 심지어 소비자에게 쇼핑 과정을 녹화하고 쇼핑하면서 떠오르는 생각을 녹음하도록 권장하는 기업도 있다. 이런 다양하고 친절한 도구를 십분 활용하라. 간단한 마케팅 조사만으로 고객과 관계없는 가치를 마케팅 전략의 기반으로 삼는 실수는 피할 것이다.

## 2. 분명한 목표를 두고 조사하라

분명한 목표가 없는 마케팅 조사는 의도와 다른 결과를 가져오거나 결과가 드러나기도 전에 시들해져 버릴 수 있다. 먼저 조사 목적에 명확한 답을 두고 시작해야 한다. 예를 들어 기존 제품을 개선하기 위한 조사인가? 기업이 전달하고자 하는 메시지에 관한 아이디어를 발견하기 위함인가? 기업이 원하는 고객 페르소나를 개발하기 위해서인가? 목표를 정하면 질문의 방향과 결과를 사용할 방식이 정해지고 기업은 어느 곳에 집중해야 하는지를 확신할 수 있다.

## 3. '무엇'과 '왜' 데이터를 포착하라

질문에 따라 답변은 얼마든지 달라질 수 있다는 것을 명심하라. 목표 고객을 더 완벽하게 그려보기 위해서는 마케팅 조사 결과에 수가 정해지는 정량적 데이터와 결과를 서술해 나타내는 정성적 데이터가 모두 포함되어야 한다. 정량적 데이터는 우리의 잠재 고객이 무엇을 하고 어떤 생각을 하는지 말해준다. 가령 '당신의 만족도는 1점에서 10점 사이에 몇 점입니까?' 같은 객관식 질문은 필요한 정량적 데이터를 수집할 수 있다. 하지만 무엇 뒤에 숨은 이유를 설명할 수 있는 건 오직 정성적 데이터뿐이다. 정성적 데이터는 '우리 제품을 사용하기 시작한 이후 당신의 인생은 어떻게 변화하였나요?' 같은 주관식 질문으로 발견할 수 있다. 또한 정량적 데이터와 정성적 데이터를 적절히 섞어 질문을 만드는 것도 효율적이다.

## 4. 간단한 설문조사부터 시작하라

만약 마케팅 조사가 처음이라면 간단한 설문조사부터 시작하라. 설문조사는 만들기 쉽고 실행 비용이 저렴하며 대량의 데이터를 빠르게 수집할 수 있다. 흔히 쓰는 온라인 폼으로 간단하고 쉬운 설문조사를 만들어 배포, 분석해보라. 설문조사는 주로 정량적 데이터를 얻기 위해 사용되지만 조사 문항에 따라 정성적 데이터를 수집하기에도 적절하다.

## 5. 꼭 해야 하는 질문이 있다면?

개인적으로 설문조사에서 모든 소규모 사업체가 했으면 하는 질문이 있다. 웹사이트 구매자가 우리의 서비스나 제품을 구매하고 최종 페이지로 넘어갔을 때 이 질문 하나를 추가하라.

우리의 서비스(제품)를 구매한 계기는 무엇인가요?

카피해커스Copyhackers의 설립자 조안나 위브Joanna Wiebe에 따르면 이 사소한 질문은 고객이 해결하고자 하는 문제가 무엇이며 어떤 동기가 그들을 움직이는지, 우리 기업의 목표 달성에 장애물은 무엇인지를 알려줄 것이라고 말했다.

## 6. 다양한 출처로 데이터를 강화하라

3개의 다른 출처에 기반한 데이터 삼각 측량은 마케팅 조사의 정확도와 신뢰도를 높인다. 예를 들어 단순 관심 고객을 구매 고객으로 전환하기 위한 오퍼 페이지 최적화 계획을 세우고 있다고 가정해보자. 우선 문제 파악을 위해 세션 녹화 도구를 사용해서 데이터 삼각 측량을 하고 거기서 찾아낸 문제를 이해하기 위해 설문조사를 시행한다. 마지막으로 인터뷰를 통해 설문조사 결과를 재확인하고 깊이 파고들 수 있다. 이렇게 다른 세 가지 출처를 토대로 만들어진 오퍼 페이지는 고객 확보에 강력하고 확실한 데이터를 가질 수 있다.

## 7. 더 깊이 이해하려면, 더 깊이 인터뷰하라

처음 시도하기에 두려울 수 있지만 1대1 인터뷰는 그만한 가치가 있다. 인터뷰는 최고의 마케팅 조사 방법 중 하나다. 간단한 인터뷰만으로도 마케팅 금광을 찾아낼 수 있다. 예상 질문 목록을 꼼꼼히 만들어 두고 추가로 피상적 답변에 그치지 않게 즉흥 질문을 준비해 고객의 상세한 의견을 부드럽게 유도하라. 당신이 얻고자 하는 마케팅 조사의 전반적인 목표에 따라 질문은 달라질 것이다. 여기에 꿀팁이 있다면 고객에게 문제가 생긴 날에 대해 더 자세히 질문하라. 그리고 그들이 어떻게 우리 솔루션(제품이나 서비스)을 선택하게 되었는지 그 일련의 과정을 자세히 들어보아라. 고객이 느꼈던 감정까지 전부 다 흡수하라.

## 8. 중립을 유지하라

조사를 진행하면서 특정 대답을 끌어내는 질문은 좋지 않다. 최대한 고객의 대답에 영향을 미치지 않는 질문을 하라. 예를 들어 "우리 경쟁사의 제품에서 싫었던 점은 무엇인가요?" 같은 유도 질문은 피하는 게 좋다. 우리가 얻으려는 답은 그게 아닐 뿐더러, 듣는 이로 하여금 경쟁사의 잘못된 점을 찾아서 대답하도록 강요한다고 느낄 수도 있다. 대신 "경쟁사 제품에서 우리 제품으로 마음을 바꾼 이유가 무엇인가요?"는 더 중립적인 질문임과 동시에 소비자의 자세한 대답을 기대할 수 있다.

## 9. 인사이트를 위한 공간을 남겨라

모든 인터뷰와 설문조사의 마지막은 "더 하고 싶은 말이 있나요?"로 마무리하면 좋다. 질문은 간단하지만 생각지도 못한 아이디어와 의견이 나올 수도 있다. 의외로 고객은 생각도 못 했을 법한 아이디어와 의견을 허심탄회하게 밝히고 공유한다.

## 10. 비구매자도 마케팅 데이터가 될 수 있다

기존 고객에만 초점을 맞춘 기업의 데이터는 완전한 데이터라고 볼 수 없다. 나아가 비구매자에게 "왜 우리가 제공하는 상품이나 서비스를 구매하지 않았나요?"라고 묻는다면 우리 상품의 구매를 방해한 장애물이 무엇인지 유추할 수 있다. 이 정성적 데이터는 우리 상품이 가진 단점에 대처할 수 있게 하고, 미래 잠재 고객이 이런 단점을 극복하는 데까지 도움을 줄 수 있다.

# 4장

## 소비자 커뮤니케이션

# 마케팅 시대에서
# 관계의 시대로

### 스콧 머레이
Scott Murray

커뮤니케이션 장인 스콧 머레이는 20년이 넘는 콘텐츠 마케팅 경험과 광범위한 커뮤니케이션 교육 지식으로 기업이 고객들과 연결할 수 있도록 도움을 주고 있다.

🌐 ScottMurrayOnline.com

과거에는 마케터가 TV나 라디오, 신문 같은 인쇄물에 익숙했던 소비자의 삶을 쉽게 예상할 수 있었다. 당시의 기업들은 소비자 행동을 예측해 일방적인 메시지를 방송으로 내보냈고 고객이 제품 주문을 위해 상점을 찾아주길 바랐다. 그리고 1980년대부터 브랜드들은 하고 싶은 말을 광고가 대신하도록 했다. 창의적 콘텐츠 마케팅 에이전시인 브래프톤Brafton은 이 시기를 '마케팅 시대the Marketing Era'라고 말했다. 하지만 오늘날의 인터넷, 소셜 미디어는 일방적 소통만으로는 충분하지 않다. 브래프톤은 이렇게 오늘날 현대적 소비자가 주도하는 세상을 가리켜 '관계의 시대the Relationship Era'라고 일컫는다.[4]

오늘날, 과거 마케팅 광고를 불편해하던 소비자는 이제 스스로 광고를 차단하고 무시할 수 있다. 이들은 인터넷과 함께 자라왔고 자연스럽게 개인화됐다. 동시에 이들은 가치가 주도하는 인간화된 쌍방향 소통을 추구한다. 새로운 시대를 맞아 마케터는 중대한 도전과제를 맞닥뜨렸다. 소비자와 더 나은 소통을 하고 연결되는 데 도움이 될 만한 10가지 인사이트를 준비했다.

## 1. 행동 유도 문구CTA, call to action는 소비자를 쫓아버린다

브랜드(나이키, 아마존 포함)에서 올린 '4만 1천 개의 페이스북 및 트위터 업로드[5]에 관한 연구'에 따르면 소비자는 뭔가를 '확인check out' 하거나 대대적인 세일 행사에 '오라는come to' 메시지를 무시하는 경향이 있다. 이것이 바로 마케팅 시대에 만연했던 일방적 소통의 예다. 브랜드는 더이상 일방적인 강요가 아닌 쌍방향 소통을 지향해야 한다. 소비자에게 어떤 행동을 강요하는 것은 오히려 독이 될 것이다.

## 2. 자연스러운 '좋아요'를 얻어내라

링크드인은 소비자에게 댓글, 좋아요, 공유해달라고 말하는 참여 유도 게시물engagement-baiting posts의 노출수를 줄이겠다고 발표했다. 사람들은 대개 뭔가를 해달라고 요구하는 게시물을 성가시다고 생각한다. 좋은 콘텐츠는 이런 게시물 없이도 소비자 반응을 자연스럽게 도출할 수 있다.

## 3. 고객은 소통을 원한다

오르빗 미디어Orbit Media[6]의 설문조사에 따르면 소비자가 소셜 미디어상에서 브랜드를 팔로우하는 이유는 상호 연결 유지, 사회적 연결 형성, 개인적 상호작용(쌍방향 소통) 경험을 위해서라고 한다. 당신의 구독자 목록을 살펴보라. 어쩌면 고객은 당신의 메시지를 기다리고 있을지도 모른다.

## 4. 경쟁사에 애정을 보인다면?

2021년 미국 마케팅 협회[AMA, American Marketing Association]는 몇 가지
실험[7]을 했다. 브랜드가 자신의 경쟁사를 칭찬할 때, 소비자는 어떤
반응을 보일까? 결과는 놀라웠다. 칭찬의 결과가 평판과 매출 개선
으로 이어진 것이다. 유명 초콜릿 브랜드 킷캣[Kit Kat]이 실험을 위한
트윗을 하나 올렸다. 첫 번째는 '달콤한 맛으로 하루를 시작하라'고
말했고 두 번째 트윗은 56년간 비즈니스를 유지해 온 트윅스[Twix]를
칭찬하는 내용이었다. 사람들의 반응은 어땠을까? 두 번째 트윗을
본 이들은 첫 번째 트윗을 본 사람들보다 킷캣을 34% 더 구매했다.
무엇보다 이 실험의 중요한 점은 킷캣이 '트윅스가 맛있다'고 했음
에도 불구하고 트윅스의 매출은 오르지 않았다는 사실이다.

## 5. 다른 사람과 같아서는 안 된다

경쟁사가 하는 걸 따라 하는 대신 그들이 하지 않는 걸 하는 데 더 많
은 시간을 쓰는 게 낫다. 현재 6억 개 정도의 블로그가 있는 것으로
추산되는 가운데, 블로그 콘텐츠는 당연히 식상할 수밖에 없다. 많은
확률로 소비자는 당신의 블로그 글을 다른 블로그에서 이미 봤을 것
이다. 굳이 힘을 들여 그런 콘텐츠를 업로드할 이유가 있을까?

　우리 블로그에 방문한 소비자의 행동에 집중하자. 소비자는 얼마
나 오래 블로그에 머무는가? 무엇이 그들의 관심을 유발하고 행동
하게 하는가? 소비자가 콘텐츠를 찾을 때의 소비자 경험을 측정하

기 위한 많은 연구가 진행되고 있다. 구글의 검색 알고리즘 '유용한 콘텐츠 업데이트'Helpful Content Updates[8]에서 구글은 사람 우선 콘텐츠people-first content를 만들도록 권장한다. 피해야 할 사항들의 예에는 '어떤 가치도 더하지 않으면서 다른 사람이 하는 말을 요약한 콘텐츠' 혹은 '다른 곳에서 더 나은 정보를 얻어야겠다는 생각이 들도록 하는 콘텐츠' '재검색을 하게 만드는 콘텐츠' 등이 포함된다.

최근 콘텐츠는 양보다 질이 중시되고, 흔한 키워드 전략만으로는 충분하지 않다. 질 높은 콘텐츠를 제공하기 위해서는 새로운 연구 내용, (다른 업계의 목소리를 담은)협력적 인사이트, 직원들로부터 얻은 독특한 견해로 블로그 콘텐츠를 만들어야 할 것이다.

## 6. 자세히 보면 보이는 것이 있다

소비자의 고민을 이해하고 있다는 신호는 트렌드 모니터링부터 시작된다. 지난 추수감사절, 월마트 대표 존 레이니John Laney는 공급망 문제와 비용 상승을 직접적으로 언급했다. 그리고 동시에 소비자의 추수감사절 준비 비용을 작년과 같은 수준으로 맞추겠다고 했다. 그는 수년간의 경험으로 추수감사절에 소비자들이 칠면조, 햄, 감자 등의 기본 재료부터 마카로니 앤 치즈, 호박파이 등 간편 제품을 구매하는 루틴을 파악했고 추수감사절에 이 상품들의 가격을 올리지 않았다. 소비자에 대한 이해는 월마트가 이런 결정을 내리는 데 도움이 될 뿐만 아니라 실행 방식을 정하는 데도 영향을 미쳤다.[9]

## 7. 고객에게 우리의 정보를 주어라

소비자들은 계속해서 가격 정보 및 다른 확실한 정보를 찾아 나선다. 이때 기업은 그 정보를 제공하는 것을 방해해선 안 된다. 특히 경쟁 사들이 해당 정보를 공유하고 있지 않을 때는 더욱 그렇다.

마케팅 분야의 디지털 세일즈에 관해 세계적으로 잘 알려진 강연 자, 마커스 셰리든Marcus Sheridan은 건강하지 않은 경쟁은 브랜드의 발목을 잡을 수 있다고 말한다. 그렇게 되면 결국 기업은 소비자가 필요로 하는 걸 제공하지 못하게 된다. 마치 가격 정보, 상품의 장단 점 혹은 대체할 수 있는 서비스에 관한 정보를 경쟁사가 알게 될까 봐 아예 정보 공유를 꺼리는 것처럼 말이다. 또 다른 우려는 높은 가 격에 소비자가 겁을 먹고 도망가지 않을까 하는 걱정이다. 하지만 그런 소비자는 애초에 제품을 구매할 가능성이 적고, 브랜드와 부 적합한 고객[10]이다. 마커스는 저서 『대답만 했을 뿐인데 회사가 살 아났습니다』에서 적합한 고객을 찾아 구매 결정에 영향을 미치도록 힘을 실어주어야 한다고 말한다. 진정으로 중요한 고객 그룹에 초 점을 맞춰야 한다는 것이다.

## 8. 경쟁사를 이용하자

기업 간 경쟁에서 소비자 행동은 생각보다 일반적이지 않다. 만약 우 리 블로그에 경쟁사의 링크를 올린다면 어떻게 될까? 베스트셀러 저 자이자 콘텐츠 마케팅 인플루언서인 닐 파텔Neil Patel은 오히려 경쟁자 링크 올리기를 권장한다. 사실 우리가 언제나 최고의 콘텐츠를 만들 것이라는 보장은 없다. 그때 우리 경쟁자가 훌륭한 콘텐츠를 만들고 있을 수 있다. 경쟁사의 링크를 걸면서 우리는 고객에게 더 큰 가치를 제공하게 되고 고객 니즈 충족을 우선으로 생각하고 있다는 걸 증명하게 되는 것이다. 또한 닐은 경쟁사 링크를 걸면 업계의 온라인 공동체[11]에 연관된 신호를 보내는 셈이 되어 기업의 구글 순위에 긍정적인 영향을 줄 수 있다고 말한다.

## 9. 부정적인 경험 속 신뢰는 강력하다

온라인상에는 약 19억 개의 웹사이트와 6억 개의 블로그가 있다고 추산된다.[12] 소비자는 웹사이트를 방문할 때마다 여러 개의 낚시성 링크, 폐쇄형 콘텐츠, 구매 유도성 메시지, 자동 재생 동영상 광고를 마주하면서 자신의 의지와 상관없이 다른 누군가에게 이득이 될 만한 일을 경험한다. 사실 이런 경험으로 소비자는 빠르게 기업의 의도를 파악하고 판단할 수 있게 되었다. 대부분 부정적이었을 경험 속에서 마케터 또한 어떻게 해야 소비자를 설득할 수 있을지 고민한다. 그렇다면 우리 기업은 어떻게 차별화된 가치를 제공할 수 있으며, 어떻게 신뢰를 형성할 수 있을까? 부정적인 경험 대신 호기심, 신비로움, 흥미로 신뢰도를 높여라.

## 10. 긍정은 긍정을 불러온다

오늘날의 소비자는 기업이 자신을 한 명의 사람으로 생각하고 행동해 주길 원한다. 수십 년에 걸쳐 연구된 심리학, 커뮤니케이션, 감정과 크게 다르지 않다. 현대 소비자 행동에서 늘 변치 않고 등장하는 개념은 바로 감정 반응이다. 소비자들에게 명령하거나 이기적으로 보이는 콘텐츠를 만드는 브랜드는 거부 반응을 유발한다. 반면 경쟁자를 향한 따뜻함을 보여주고 답을 제공하며 양방향 소통에 참여하는 콘텐츠는 소비자로부터 긍정적 반응을 끌어낼 수 있다.

낸시 하르훗Nancy Harhut[13]은 그녀의 책, 『마케팅에 행동 과학 활용하기Using Behavioral Science in Marketing』에서 감정을 우선으로 하는 대응이 예측 가능한 행동을 가져온다고 했다. 대부분의 구매 결정은 감정적으로 시작하는 경우가 많으며, 그 이후에 합리적인 이유를 들어 정당화되기 때문이다.

# 5장

## 브랜딩과 마케팅

# 특별한
# 브랜드를
# 만드는 법

### 데이비드 비섹
#### David Bisek

데이비드 비섹은 브랜드 전략가이자 마케팅 컨설턴트로 20년 가까이 특별한 브랜드를 만들어내며 대기업 및 소규모 스타트업을 위한 마케팅 전략을 수립해왔다.

🌐 davidbisek.com

'브랜딩'하면 대부분의 사람은 로고나 노트북 위에 붙은 스티커, 건물의 간판을 떠올린다. 물론 시각적인 것이 브랜딩의 중요한 요소이긴 하지만 브랜딩은 단순한 로고를 훨씬 뛰어넘는다.

사실 브랜딩은 내향 중심이다. 브랜딩은 궁극적으로 브랜드가 고객에게 마케팅하고자 하는 개성, 가치, 아이디어를 명확하게 확인하는 과정이다. 반면 마케팅은 외향 중심이다. 마케팅은 목표 고객과 소통하고 그들에게 보내고자 하는 메시지를 전달하는 행동이다. 그리고 브랜딩과 마케팅은 함께 작용한다. 시장에 훌륭한 브랜드는 많지만 단순히 훌륭하기만 해서는 안 된다. 그럼 무엇이 브랜드를 특별하게 만들까? 특별한 브랜드란 고객에게 기억에 남을 만한 경험을 전달하고 무언가를 상징할 수 있어야 한다. 고객과 약속을 지키고 우리의 기대를 뛰어넘을 수 있어야 한다. 브랜드는 고객에 의해 그 가치를 인정받을 수 있어야 하며 직원의 자부심을 이끌어내야 한다.

특별한 브랜드에서 가장 중요한 것은 훌륭한 제품과 서비스다. 믿을 수 있는 제품이나 서비스를 보유하고 있다면 특별한 브랜드를 만드는 일이 훨씬 쉬워진다. 다음의 10가지 팁을 따라 당신만의 특별한 브랜드를 만들어보라.

## 1. 특별한 브랜딩의 답은 우리에게 있다

먼저 우리의 비즈니스를 이해하자. 다음 질문에 답해보자.

- 우리 기업의 차별점은 무엇인가?
- 우리 기업이 추구하는 가치는 무엇인가?
- 우리 기업에서 타협 불가능한 요소는 무엇인가?
- 동종업계에서 우리 기업은 특별할 수 있을까?
- 우리 기업은 어떤 목표를 두고 설립되었는가?
- 우리 기업의 핵심 가치는 무엇인가?

## 2. 우리의 목표 고객을 이해하라

당신이 이제 막 시작한 사업가라면 고객 이해에 있어 고군분투하고 있을지도 모른다. 하지만 당신이 어느 정도 사업체를 운영해 왔다면 고객 이해의 달인일 수도 있다.

- 우리 고객이 추구하는 가치는 무엇인가?
- 그들에게 가장 중요한 것은 무엇인가?
- 그들은 언제 불편함을 느끼는가?

위 질문을 토대로 목표 고객의 특성에 대해 구체적으로 생각해보며, 고객을 깊이 이해하려고 노력해라.

### 3. 우리의 경쟁 브랜드를 얼마나 알고 있는가?

일부 마케터는 이를 가리켜 '경쟁 분석'이라 부른다. 이는 기본적으로 목표 고객이 당신의 제품을 제외하고 택할 대안을 살핀다. 직접 경쟁사(같은 제품/서비스 카테고리)와 간접 경쟁사(제품/서비스의 대안)는 누구인가? 경쟁사들은 어떤 약속을 하는가? 무엇이 우리 브랜드를 차별화하는가? 우리 브랜드가 어디에 가장 잘 들어맞는지 결정하라. 우리 브랜드가 들어갈 기회의 틈을 탐색하라. 단, 경쟁사를 이기려는 앞선 마음에 지킬 수 없는 약속을 늘어놓지 않아야 한다.

### 4. 브랜드는 개성이 필요하다

우리는 어떤 브랜드인가? 브랜드 개성을 결정하기 위해 위에서 소개한 팁 중 두 번째(고객 파악하기)와 세 번째(경쟁사 파악하기)를 참고하라. 경쟁사와 차별화되면서도 여전히 우리 고객 특성에 부합하는 자신만의 목소리를 찾아라. 브랜드 개성을 파악하면 추후 마케팅 콘텐츠를 만들 때 도움이 될 것이다.

### 5. 시각적 정체성을 확립하라

브랜드를 만들 때 무작정 로고 만들기에 착수하는 실수를 저지르지 않길 바란다. 우리가 메시지를 전하는 대상은 누구이며, 무엇이 우리를 차별화하는지 탄탄한 이해가 뒷받침된다면 로고 디자이너는 당신의 브랜드를 훨씬 더 설득력 있게 시각적으로 표현할 수 있다.

## 6. 특별한 경험은 저절로 생기지 않는다

고객이 브랜드와 만나는 것은 감정적 연결이 시작된다는 것을 의미한다. 많은 브랜드가 소비자의 경험 만들기에 힘을 쏟는 이유다. 기억에 남을 만한 경험은 우연히 일어나지 않기에 기업은 반드시 충분한 시간을 들여 의도적으로 경험을 설계해야만 한다. 고객이 브랜드와 함께 할 경험에 집중하며 다음의 두 질문에 대답해보라.

- 고객이 우리 브랜드와 상호작용할 때 어떤 느낌을 받길 원하는가?
- 고객이 우리 브랜드와의 경험에 어떤 말을 해주길 바라는가?

## 7. 고객의 기대를 뛰어넘어라

특별한 고객 경험 제공을 위해서는 고객의 기대를 뛰어넘어야 한다. 유명 커피 프랜차이즈 스타벅스에는 '서프라이즈 앤 딜라이트 surprise and delight' 쿠폰이 있다. 랜덤으로 제공되는 이 쿠폰은 무료 음료 제공 같은 혜택이 주어진다. 고객은 말 그대로 놀라움과 즐거움을 느낀다. 이런 예상치 못한 경험은 고객과 브랜드와의 유대관계 형성에 도움이 된다. 꼭 쿠폰이 아니더라도 개인 맞춤형 메모, 후속 유선 연락, 깜짝 할인, 독점 혜택, 보너스 샘플 등 예시는 많다. 작지만 사려 깊은 순간이 모여 결과적으로 우리 브랜드를 돋보이게 할 것이다.

## 8. 브랜드 일관성이 핵심이다

고객과 브랜드가 만나는 장소는 어디일까? 소셜 미디어, 제품 포장, 오프라인 매장이나 이메일 등 모든 곳의 로고가 올바르게 사용되고 있는지 확인하라. 브랜딩에 대해 대충 생각하지 마라. 간단하게는 브랜드 고유의 컬러를 올바르게 사용하는지, 직원이 기업의 핵심 메시지를 잘 알고 있는지, 고객 응대에는 부족함이 없는지 확인하자. 브랜딩이 일관적일 수 있도록 모든 브랜드 접점을 살펴볼 필요가 있다.

## 9. 가치가 비슷한 브랜드와 협업하자

브랜드가 달성하려는 미션을 중심으로 움직이는 경우, 특히 유용한 팁이다. 가치가 비슷한 브랜드끼리는 유사한 고객을 목표로 삼고 있는 경우가 많다. 커뮤니티의 프로젝트를 지원하거나, 소비자 홍보를 위해 협력하거나 매장의 한 선반 위에서 나란히 자리를 공유하고 있을 수 있다. 생각이 비슷한 브랜드와 협업하면 브랜드 가치가 강화되면서 상호 이익의 결과를 가져온다. 마케터들은 타 브랜드와 함께 일하는 데 열린 태도를 지닌 경우가 많으므로 그들에게 적극적으로 다가가는 걸 고려해도 좋다.

## 10. 브랜딩에는 끝이 없다

계속해서 브랜드를 개선하고 싶은 건 당연하다. 핵심은 항상 고객의 목소리를 듣는 데 있다. 고객은 무엇인가가 필요할 때 여러분에게 말을 걸 것이다. 고객의 후기와 댓글에 항상 관심을 기울여야 한다. 직원을 통해 고객의 목소리를 들어라. 구체적인 데이터를 원한다면 고객 대상 설문조사를 진행해도 좋다. 고객의 피드백에 따라 브랜드가 전달하는 메시지와 고객 경험도 수정하라. 이렇게 하면 당신의 브랜드는 절대로 정체되지 않을 것이며 특별한 브랜드가 될 것이다.

# 6장

**디지털 고객 경험**

# 디지털 세상에서 고객을 맞이하라

리사 아폴린스키
Lisa Apolinski

리사 아폴린스키는 디지털 성장 전문가이자 강연자로, 포브스가 선정한 '미국의 디지털 콘텐츠 미래학자'이며 에이전시 '쓰리 독 라이트(3 Dog Write)'의 CEO다.

🌐 www.3dogwrite.com

전 세계적으로 전자상거래를 통한 매출은 꾸준히 증가하고 있다. 그리하여 2026년에는 약 8조 달러에 이를 것으로 예측된다.[14] 이는 당연히 디지털 세상의 전례 없는 경쟁을 의미한다. 이런 치열한 성장세 속 기업이 고객 서비스를 확장하고 고객 만족도를 높이는 것은 쉽지 않은 일이다. 우리는 고객 경험을 포함한 모든 부분에서 반드시 디지털화할 준비가 되어 있어야 한다. 앞으로의 디지털 마케팅을 통한 고객 경험은 새로운 마케팅의 격전지이자 기회가 될 것이다. 고객 경험의 디지털 최적화를 위해 고려해야 할 10가지 팁을 다음과 같이 제안한다.

## 1. 판매 전후로도 고객 모니터링을 잊지 마라

이 세상에는 너무나도 많은 정보가 있다. 당신이 만나지 않은 고객일지라도 이미 당신의 제품, 서비스에 대해 학습하고 구매 여부를 결심했을 수도 있다. 이는 단순히 리뷰를 넘어 개인의 이력, 브랜드 역사로 이어진다.

디지털 세계에 공개된 건 영원히 사라지지 않는다는 말이 있다. 디지털 감사를 시행하여 인터넷에 어떤 정보가 떠다니는지 주기적으로 확인하라. 디지털 공간의 사소한 후기 하나가 당신의 명성을 해하게 되고 고객 경험에 부정적 영향을 미칠 수 있다.

## 2. 좋은 직원을 고용하는 것도 당신 몫이다

생각도 못한 일이겠지만 당신의 옆에 있는 직원이 부정적 고객 경험의 원인이 될 수 있다. 고용주의 입장에서 새로운 직원을 충원할 때, 당신의 기업 문화에 맞고 브랜드 목적과 가치에 쉽게 맞추어 갈 수 있는 사람을 고용하라. 그가 우리 기업에 득이 될지 실이 될지는 아무도 모를 일이지만 좋은 직원을 만드는 것은 당신 자신이라는 것을 잊지 말라.

## 3. 처음, 중간, 끝 모두 고객이 우선이다

긍정적인 고객 경험을 만들기 위해서는 판매, 마케팅, 고객 지원 등 전 부문에서 이루어지는 고객과의 상호작용이 고객의 기대와 반드시 부합해야 한다. 고객이 새로운 기술 플랫폼으로 옮겨간다면, 여러분도 고객을 따라가야 할 필요가 있다(메타버스를 떠올려보라). 고객을 따르지 않은 대가는 최종 매출의 하락으로 이어질 수 있다.

## 4. 고객을 우리 편으로 만들자

충성 고객을 얻는 데는 평생이 걸리지만 그들을 잃는 건 1분이다. 심지어 오늘날은 그 1분도 몇 초로 줄어들었다. 신규 고객 유치에도 많은 노력이 필요하지만 잃은 고객을 다시 불러오는 비용은 감히 가늠할 수조차 없다. 고객 관계에 투자하라. 고객은 디지털 공간에서 당신의 든든한 대변인이 되어줄 것이다. 고객의 존재를 당연시하면 달콤했던 오늘이 내일은 쓰디쓴 맛으로 변해버릴 수 있단 걸 명심하라.

## 5. 고객과 직접 연락할 수 있는 기회를 놓치지 마라

이제는 모든 사람이 휴대전화를 소유하는 세상이 됐다. 고객과의 직접적인 연락이 가능하게 된 기업들은 효과적인 마케팅을 상상했지만 현실은 달랐다. 오히려 고객들이 기업에서 즉각적인 반응을 해주길 기대하고 있기 때문이다. 고객의 디지털 기대감을 미리 관리하면 당신이 원하는 방향으로 사업을 시작해서 이끌어갈 수 있다. 디지털 경험의 규칙을 이해하는 고객, 다시 말해 브랜드의 정확한 회신 시간이나 정책을 알고 있는 고객은 장기적으로 당신의 기업과 더 행복한 관계를 형성할 것이다.

## 6. 변화가 꼭 필요할까?

좋은 고객 경험을 망치는 것 중 하나는 변화를 위한 변화를 굳이 시도하는 일이다. 기존에 잘 되던 방식을 그대로 고수하는 것이 고객 경험 최적화에 나을 수도 있다. 한 번에 너무 많은 변화를 주는 시도에도 신중해야 한다. 또 다른 변화를 추진하기 전에 고객이 새로운 변화에 익숙해질 수 있는 시간을 마련하라. 그리고 어떤 문제나 오류가 나타날지 모르니 여러분 스스로 또한 충분한 시간을 가져라.

## 7. 디지털 고객일지라도 '컴퓨터처럼' 하지 마라

기술은 우리가 더 빠르고 쉬운 삶을 살 수 있게 한다. 하지만 그렇다고 해서 기술이 고객 경험의 모든 측면을 대체해야 한다는 의미는 아니다. 가끔은 고객이 원하는 게 그저 인간이라는 존재와 이야기를 나누는 일일 수 있다. 당신이 제공하는 디지털 경험에 반드시 이런 인간적인 요소를 유지하는 것도 하나의 팁이 된다.

## 8. 행복한 직원은 행복한 고객을 만든다

임원진은 개인 사무실에 있고 직원이 컴퓨터 뒤에 숨어있던 시대는 지났다. 기업 문화는 당신을 대신해 직원들이 어떤 모습을 하고 일하는지에 영향을 미친다. 직원은 우리 회사의 얼굴이라는 것을 잊지 마라.

## 9. 고객을 마이크로 인플루언서로 만들어라

기업과 고객의 관계가 더 조밀하게 연결되면서 고객이 고객 경험을 통해 주변에 미치는 영향의 수준도 한층 높아졌다. 이렇게 등장한 마이크로 인플루언서micro-influencers는 당신의 브랜드에 대한 인식을 변화시킬 수 있다. 그리고 이렇게 조금씩 변한 인식이 점점 퍼져서 나중에는 엄청난 결과로 이어질 수 있다. 마이크로 인플루언서와 그들이 남기는 고객 경험에 대한 글에 주목하라.

## 10. 우리는 모두 인간이다

구매자는 사람이 파는 제품을 구매한다. 그리고 구매를 그만두는 것도 조직이 아닌 사람이다. 고객 경험 내 브랜드는 생각보다 훨씬 더 인간적이다. 디지털 경험에서는 배제된 것처럼 보일 수 있지만 키보드 뒤에 앉은 사람 역시 감정, 열망, 생각을 가진 한 명의 사람임을 기억하라.

# 7장

# 마케팅 성과 측정

# 마케팅의 꽃, 마케팅 측정

브루스 시어
Bruce Scheer

브루스 시어는 대기업, 규모를 확장한 '스케일업 (scale-ups)' 기업과 함께 일하며 구매자에게 영감을 주고 수익 성장 가속화를 돕고 있다. 많은 수상 경력을 보유한 컨설턴트이자 저자, 기조연설자기도 한 그는 '전미 강연자 협회 북서지부(National Speakers Association Northwest)'의 지부장을 맡고 있다.

🌐 www.inspireyourbuyers.com

나는 자율 주행 자동차를 운전하는 몇 년 동안, 맹세컨대 주행 중 전방을 주시하지 않거나 핸들에서 손을 뗀 적은 한 번도 없다. 자율 주행 자동차라고 해도 여러 상황과 실시간 변화에 기반해서 차를 통제하며 운행하고 있다. 당신의 마케팅 측정도 이와 전혀 다를 바 없다. 자동 항법 장치에 맡겨놓고 흘러가도록 두어서는 절대 안 된다. 늘 미세 조정해야 하며 중대한 변화를 경험하는 경우 하향식 검토를 고려해야 한다. 자! 그러면 이 마케팅의 주도권을 쥐고 있는 당신은 대체 무엇을 측정해야 하는 걸까? 나는 의미 있는 마케팅 측정에 초점을 맞추라고 조언하고 싶다. 우선 가장 중요한 것은 우리 기업에 맞게 측정 방법을 조정하는 것이다. 마케팅 측정을 검토하는 데 있어 고려해야 할 몇 가지 요인이 존재한다. 지금부터 그 요인을 하나씩 살펴보자.

## 1. 마케팅 측정, 전략을 세워라

마케팅 측정 전략은 반드시 조직의 미션, 비전, 핵심 전략을 기반으로 한다. 마케팅 측정 결과는 당신의 조직이 나아가고자 하는 방향을 지시할 수 있어야 하며 기업에 미치는 영향이 무엇인지 알려주어야 한다.

미국의 아웃도어 용품 및 레크리에이션 서비스 기업인 REI는 '우리 모두의 아웃도어를 향한 일생의 사랑을 깨운다'라는 미션을 추구하며 전략적 마케팅의 훌륭한 예를 보여준다. 그들이 처음 시행했던 #OptOutside 캠페인은 REI의 미션을 직접적으로 전달했던 캠페인으로 브랜드에 대한 인지도와 인식 제고에 큰 영향을 미쳤다. 시간이 지나 #OptOutside은 하나의 운동으로 퍼지기까지 했다.[15]

## 2. 우리에게 맞는 마케팅 성과 측정 모델은?

결국 마케팅 성과 측정은 매출 성장을 위한 일이다. 그러므로 우리 사업에 기반한 성과 측정은 반드시 필요하다. 예를 들어 당신이 서비스로서의 소프트웨어SaaS, Software as a Service를 제공하고 있거나 제품, 서비스 및 대금 청구 주기를 매달 수익이 반복 창출되는 모델로 전환하길 원한다면 총매출 지속률gross revenue retention, 매출 지속률net revenue retention(이번 달에 획득한 매출이 내년 이때 즈음 어느 정도가 될지를 나타내는 지표), 고객 생애 가치lifetime value(한 고객사가 계약 기간을 통해서 기업에 가져다주는 이익을 현재 가치로 환산한 지표) 등 마케팅 매트릭스를 향상하는 데 초점을 맞추어야 한다. 이런 지표들이 바로 당신이 성공적으로 고객을 유지하고 있는지, 고객의 지출을 최대화하고 있는지를 보여줄 것이다.

## 3. 우선순위를 결정하라

당신의 우선순위인 '큰 돌멩이big rock(세계적인 경영학자 스티븐 코비가 생산성을 높이는 전략적 목표를 큰 돌멩이에 비유해 유명해진 표현)' 매트릭스에 대해 생각할 때, 전략적 목표에 직접적으로 영향을 미칠 몇 가지 필수 지표를 고려해보라. SaaS의 예를 다시 생각해보면 아마 더 '이상적인 고객'을 끌어들이는 선행 지표가 떠오를 것이다. 여기서 더 이상적인 고객이란 더 높은 연간 거래액을 지닌 고객으로 당신의 비즈니스와 더 오래 관계를 유지하면서 성장할 가능성이 큰 고객을 의미한다.

## 4. 당신이 기대하는 성장은 무엇인가?

이 질문에 대한 답은 맞춤형 마케팅 측정을 가능하게 할 것이다. 스타트업 기업은 일반적으로 등대가 될 만한 고객을 유치하길 원한다. 이런 유형의 고객은 당신의 제품이 지닌 가치를 알아보고 높이 평가하며 목표 고객 분야에 당신의 브랜드를 홍보하는 데 도움을 준다. 조직 이론가인 제프 무어Geoff Moore는 유명한 볼링핀 전략에 대한 글에서 "킹핀에 먼저 초점을 맞출 필요가 있다"고 언급했다. 킹핀에 집중한다면 자연스레 더 많은 핀을 쓰러뜨릴 수 있게 되는데, 이는 최초 고객이 퍼뜨리는 입소문 효과와 상응한다. 그러므로 목표 고객을 기반으로 한 마케팅에 근거해 지표를 설정하고 철저히 이에 맞춘 영업 지원 도구를 사용하면 현 단계에서 노력의 결실을 거둘 수 있을 것이라고 한다. 이와 대조적으로 더 성숙한 조직의 경우 고객은 자기 브랜드에 쓰는 지출과 경쟁사에 쓰는 돈을 비교한 비율인 지출 점유율을 유지하거나 키우길 원할 수 있다. 이때는 끼워팔기, 추가 판매, 경쟁사 변동 마케팅 활동 관련 성과 측정이 더 의미 있다.

## 5. 퍼포먼스 마케팅과 브랜드 마케팅의 균형을 찾아라

마케팅의 수익 창출 기여도를 보여주는 퍼포먼스 마케팅은 많은 발전을 거쳐 왔다. 새로운 데이터 분석 도구는 통합된 미디어와 채널을 사용한 마케팅 활동을 실시간으로 보여준다. 그리고 얼만큼의 퍼포먼스, 즉 얼만큼의 성과를 내어 수익 창출에 이바지하는지 인과관계를 이해할 수 있다.

　반면 장기적인 효과를 기대하는 브랜드 마케팅은 성과 측정이 단번에 이루어지지는 않지만 역시나 중요하다. 브랜드 마케팅의 핵심 지표에는 브랜드 인지도와 브랜드 선호도가 포함된다. 우리 브랜드의 가치를 성장시키고자 한다면 제품의 인지된 가치와 경쟁사 대비 가격 책정이 어떻게 되어 있는지도 살펴볼 수 있겠다.

## 6. 대체 효과에 발목 잡히지 마라

대체 효과surrogation는 실제로 집중해야 하는 요소가 아닌 결과 자체에 집중할 때 발생하는 흔한 심리 현상이다. 마케팅에서도 마찬가지다. '우리는 돈을 버는 사업을 하고 있다'라는 유명한 말이 있다. 「매트릭스(마케팅 결과 지표)가 당신의 비즈니스를 망치게 하지 마라」라는 하버드 비즈니스 리뷰 기사는 대체 효과라는 올가미에 빠질 위험성을 강조한다.[16] 이는 미국의 대형 은행 중 하나였던 웰스파고Wells Fargo가 끼워팔기 서비스를 통해 어떻게 고객 관계를 확장하고 지출 점유율을 늘렸는지 설명한다. 끼워팔기 서비스 전략으로 수백만 개의 허위 계좌가 개설됐고 웰스파고는 전략적 목표를 달성했다. 하지만 웰스파고가 쌓아온 기업 문화와 브랜드 가치에 얼마나 큰 타격을 입혔는지는 말할 수 없을 정도다. 웰스파고 일화에서 얻을 수 있는 중요한 교훈은 우리 기업이 마케팅 측정의 '목적'에 대해 이해하고 공감해야 한다는 것이다. 그래야만 목적이 아니라 결과를 대체 지표로 삼아 발목이 잡히거나 마치 게임하듯 목표 수치 달성에 집착하지 않을 수 있다.

## 7. 고객 구매 과정을 보면 마케팅이 보인다

마케팅은 브랜드 인지도, 잠재 고객 창출 그리고 고객의 구매 과정 중 최초 몇 단계에만 영향을 미친다고 생각하는 사람도 있다. 하지만 마케팅은 고객 구매 과정 전반에 걸쳐있다. 그리고 그래야만 한다.

특히 고객 관계의 생성, 참여, 유지, 확장 단계 모두에 걸쳐 고객 의사 결정에 영향력을 가져야 한다.

## 8. 고객이 무엇을 하는지 확인하자

마케팅 대시보드는 소셜 미디어 '좋아요' 개수, 광고 노출수impression 등 허영 지표에 의존한다. 고객이 브랜드에 관심을 갖는 것은 중요 하지만 실제 소셜 미디어상에서 어떻게 판매 성공으로 연결할지 고 민해보라. 예를 들어 우리 콘텐츠를 가지고 고객들이 무엇을 하는 지, 그들의 행동이 당신의 브랜드 및 퍼포먼스 마케팅 목표와 어떤 상관관계가 있는지 확인해보자. 특히 고객이 우리 브랜드를 어떻게 홍보하는가가 가장 중요하다. 이러한 고객 참여는 자연 옹호organic advocacy로 단순한 '좋아요'보다 훨씬 더 많은 의미를 지닌다. 실제로 공유는 유의미한 마케팅 측정이라는 척도상에서 중요한 마케팅 결 과 지표 중 하나다.

## 9. 데이터로 이야기하라

종종 마케팅 매트릭스는 마케팅팀과 조직 전체에 공유되지 못하는 경우가 많다. 하지만 새로운 웹 기반 도구를 사용하면 실적 데이터를 핵심 관계자, 내부 팀 그리고 심지어는 외부 비즈니스 협력사에 쉽게 배포할 수 있다. 마케팅이 고객과 기업 사이를 연결하는 접착제 역할 을 하는 셈이다. 시장에서 승리하려면 시장 변화와 고객 피드백에 빠르고 효과적으로 대응하는 팀의 노력이 필요하다. 마케팅 매트릭스를 통해 기업은 매출, 서비스, 제조, 구매, 운송에 참여하는 직원과 협력사 직원의 업무 성과가 기업 전체의 성공에 영향을 미친다는 사실을 알릴 수 있다.

## 10. 반복되길 원하는 행동에 보상하자

데이터와 대시보드를 참고해 모두의 성과에 깊이 마음 쓰고 있고 집중하고 있다는 걸 알려라. 그리고 반복되었으면 하는 활동, 결과에 대해서는 보상해 주어라. 실제로 짐 콜린스Jim Collins는 많은 이들이 존경하는 그의 저서 『좋은 기업을 넘어 위대한 기업으로』에서 적절하고 의미 있는 마케팅 매트릭스를 고르는 일이 전체 기업 성공의 열쇠라 말한다.

당신의 마케팅 성과 측정에 내가 말한 팁들을 고려해보면서 한 가지는 분명하게 깨달았길 바란다. 바로 중요하게 여기는 것을 측정하라는 조언이다. 모쪼록 위대한 기업을 향한 당신의 여정에 성공이 있기를 바란다.

# PART 2

# 매력적인 콘텐츠는 기회가 된다

콘텐츠 마케팅

# 8장

## 콘텐츠 마케팅 전략

# 콘텐츠 마케팅은 최고의 선택이다

카린 아보우

Dr. Karine Abbou

전직 변호사이자 기업가였던 카린 아보우는 B2B 콘텐츠 프로젝트와 마케팅 전략의 수립, 론칭, 시행을 돕는 콘텐츠 마케팅 컨설턴트로 13년간 활동해 오고 있다. 프랑스 콘텐츠 마케팅 학회의 설립자이기도 한 카린의 저서로는 『콘텐츠 마케팅 : 미국식 방법론(Content Marketing : The American Methodology)』이 있다.

오늘날 마케팅의 성공은 콘텐츠에 달려있다고 해도 과언이 아니다. 그리고 무엇보다 콘텐츠 마케팅은 재밌다! 잘만 하면 만드는 사람도 재밌고 보는 사람에게도 재밌다. 고객에게 당신을 돕기 위해 우리가 존재한다는 사실을 상기시키는 효과적인 방법이다. 또 콘텐츠 마케팅은 성공적인 검색 엔진 최적화SEO, search engine optimization에 제격이다. 또한 고객은 콘텐츠로 차별화되고 독창적인 사고적 리더십을 경험할 수도 있다.

성공적인 콘텐츠 마케팅 전략의 열쇠는 목표 설정, 시장 이해, 목표 고객 파악, 플랫폼 선택, 콘텐츠 제작, 콘텐츠 배포, 결과 측정이다. 순서에 맞게 살펴보자.

## 1. 목표 설정 : 확실한 목표가 필요하다

콘텐츠 제작에는 노력이 필요하다. 먼저 첫 번째 콘텐츠로 상황이 어떻게 전개되는지 살피면서 목표를 설정하자.

- 비전 : 우리 가게를 최고의 비건 레스토랑 중 한 곳으로 만들자.
- 사업 목표 : 우리 레스토랑의 비건 요리 중 하나를 트레이더조스 (Trader Joe's, 미국 식료품 및 잡화점 체인) 전 매장에 유통할 것이다.
- 목표 달성을 위해 향후 6개월 동안 해야 할 활동 : ① 구글 검색 결과 나오는 키워드 중 일부가 높은 순위에 진입하기 ② 업계 최고의 비건 행사에서 연사로 초청 받기
- 이 활동을 충실히 수행하는 데 도움이 되는 콘텐츠 유형 : ① 비건 인플루언서와 협업해 업계 보고서 발간하기 ② 관련 분야 최고의 팟캐스트에 출연해 인터뷰하기

## 2. 시장 이해 : 콘텐츠 주제는 무엇으로 정할 것인가?

우리 사업이 속한 시장은 얼마나 크며, 어떻게 구성되어 있고, 얼마나 빨리 성장하고 있는가? 시장을 탐색하며 업계에 아직 개발되지 않은 영역이 있는지 확인하고, 신제품을 위한 아이디어를 얻고, 새로운 콘텐츠 주제를 정확히 찾아내라. 경쟁이 심하지 않은 틈새 기회를 찾아서 구글 검색 상위 순위를 확보하는 것도 좋다. 시장 조사를 위해 생각해 볼 수 있는 몇 가지 질문을 다시 한번 비건 레스토랑을 예로 들어보겠다.

- 주요 업계/주제는 무엇인가? : 비건
- 업계 가치는 어느 정도인가? : 전 세계 비건 산업의 가치는 약 440억 달러다.
- 전체 산업 중 어느 부분이 우리의 관심사와 연관될 수 있을까? : 식물성 우유 제품 시장의 가치는 약 250억 달러다.
- 고객에게 새롭고, 경쟁력 있는 부분이 있을까? : 귀리 우유 시장은 급속도로 성장하고 있다. 만약 당신이 비건 레스토랑의 사장이라면, 시장 조사를 통해 당신이 잘 알고 있는 큰 주제(비건 음식)부터 한 번도 생각해 본 적 없는 틈새 주제(당신의 레스토랑에서 귀리 우유 음료나 귀리 우유로 만든 비건 요리를 제공하는 일)까지 파악할 수 있다.

## 3. 목표 고객 파악 : 콘텐츠 대상은 누구인가?

콘텐츠는 반드시 목표로 하는 대상이 있다. 이들은 당신이 다가가고 싶고 궁극적으로는 판매하고 싶은 특정 고객이다. 그들이 가진 문제는 무엇이고 우리 콘텐츠가 어떻게 그들을 도울 수 있을까?

- 목표 고객 유형을 최대한 좁혀라.
- 머릿속에 떠오르는 '최고의 고객'이 있는가? 고객의 20%로부터 전체 수입의 80%가 나온다는 사실을 기억하라.
- 목표 고객의 주요 '특징'을 목록으로 만들어 분석하라.
- 목표 고객이 가진 문제를 파악하라. 우리 콘텐츠가 그들의 구체적인 니즈와 문제를 어떻게 해결할 수 있을까?

- 당신만의 차별화 요인, '고유 가치'는 무엇인가?
- 만약 기존 고객 데이터가 없다면 목표 대상 조사를 시행하라. 우리 상품 이나 서비스가 잘 맞을 것 같은 고객 한두 명을 인터뷰하라. 그들 자체가 다른 이들의 관심을 끌어낼 수 있다.

## 4. 플랫폼 선택 : 콘텐츠를 어디에 올릴 것인가?

다음 사항을 고려하면 효과적인 플랫폼을 선택할 수 있다.

- 목표 고객은 대부분 어디서 시간을 보내는가?
- 우리를 가장 잘 표현하는 방법은 무엇일까?

플랫폼 선택에 도움이 될 몇 가지 가이드라인이 있다.

- **당신에게 맞는 콘텐츠는 무엇인가?** : 당신에게 가장 잘 맞는 콘텐츠 포맷을 골라라. 선천적으로 말재간이 좋은 강연자 스타일에게는 오디오 녹음 포맷이 유리하다. 말보다 글로 잘 표현하는 이는 블로그를 시작하길 추천한다. 반면 시각적 예술에 천부적 소실을 지닌 이는 시각적 콘텐츠가 적절하다.
- **시작 플랫폼을 정하라** : 당신이 고른 콘텐츠 포맷에 따라 주요 플랫폼은 결정된다. 시각적 콘텐츠라면 인스타그램, 동영상이라면 유튜브가 맞을 것이다. 단, 콘텐츠 제작을 위해 노력한 최초 18개월에서 24개월까지는

하나의 플랫폼에 집중하라.

- **하나의 콘텐츠 플랫폼을 선택하라** : 당신의 콘텐츠는 훌륭해야 하지만 여러 플랫폼에서 모두 훌륭할 순 없다. 한 군데에 집중하고 그곳을 고수하는 것도 방법이다.

## 5. 플랫폼 선택 : 그래도 여전히 웹사이트는 필요하다

웹사이트가 주요 플랫폼이 아니어도 콘텐츠의 근거지이자 저장소 역할을 위해 필요하다. 가끔은 우리에 대한 간단한 소개가 콘텐츠를 구독하도록 하는 초대장의 역할도 한다. 콘텐츠가 주는 주된 혜택 중 하나는 검색 엔진 최적화이지만 검색 엔진 최적화는 사람들이 콘텐츠를 찾을 때만 가능하다. 선택한 콘텐츠 포맷이 팟캐스트나 동영상 시리즈라 하더라도 웹사이트상에 해당 팟캐스트나 동영상을 실은 페이지가 존재해야 한다는 것을 잊지 마라.

## 6. 콘텐츠 제작 : AI의 도움을 받자

많은 자영업자가 콘텐츠 제작에 앞서 좌절감을 느낀다. 그러나 좌절하기에는 이르다. 기술이 발전하면서 콘텐츠 제작 역시 그 어느 때보다 빠르고 쉬워졌으며 누구나 할 수 있다. 인공지능AI 애플리케이션을 통해 게시물 업로드, 동영상 스크립트, 음성 인터뷰의 기획부터 조사, 제작에 이르기까지 광범위한 도움을 받을 수 있다. 심지어 AI는 다양한 플랫폼에 맞도록 콘텐츠를 수정하거나 업로드할 수 있다.

## 7. 콘텐츠 제작 : 당신의 퍼스널 브랜드를 만들어라

콘텐츠는 독창적이어야 한다. 콘텐츠에 자신만의 스토리를 더해 고객과의 정서적 연결고리를 형성하라. 오늘날 콘텐츠 수준이 높아지면서 오히려 자신만의 콘텐츠를 내세우는 것이 강점으로 작용한다. 그렇지만 특별한 콘텐츠를 만들기 위해 반드시 유명할 필요는 없다. 이미 당신에게는 고유한 두 가지, 바로 당신만의 이야기와 개성이다.

- **이야기** : 당신이 파는 것이 무엇이든 당신의 뒤에 숨은 퍼스널 스토리는 항상 존재한다.
- **개성** : 당신은 고유한 사람이다. 당신이 읽고, 듣고, 보고, 팔로우하고, 배우는 모든 것은 콘텐츠를 보는 고객의 공감을 불러일으킬 수 있다.

## 8. 콘텐츠 배포 : 이메일 마케팅을 접목시켜라

콘텐츠를 홍보할 수 있는 방법은 많다. 검색 엔진 최적화는 잘만 한다면 효과가 좋지만 쉽지 않으며 다소 많은 시간이 소요된다. 소셜 미디어의 알고리즘은 플랫폼에 의해 통제되며 특정 고객층에 도달하기 위해 돈을 낸다고 하더라도 그 고객층의 참여나 전환이 보장되지 않는다. 이렇게 되면 비즈니스를 성장시키는 가장 효율적인 방법으로 이메일 마케팅을 생각해 볼 수 있다. 사람들 절반은 온라인 마케팅 소프트웨어 기업인 허브스팟Hubspot에서 한 달에 한 번은 마케팅 이메일을 받고 물건을 구매한다고 한다.[17] 사실 당신에게 이메일 주소를 제공하는 사람은 당신의 콘텐츠에 대해 더 듣고 싶어 하는 사람이다. 이메일 마케팅이야말로 비즈니스 관계의 시작이자 성공의 핵심 지표다.

## 9. 결과 측정 : 가장 중요한 것은 성과를 확인하는 일

당신의 마케팅 활동 중 무엇이 효과가 있었는지 파악할 기회다. 당연한 말이지만 효과가 있는 건 더 하고 그렇지 않은 건 적게 하라. 콘텐츠에 기울인 노력이 성과가 있었는지 결정하는 전통적인 콘텐츠 마케팅 KPI(핵심 성과 지표) 외에 살펴 봐야 할 항목이 있다.

- 구독자 수가 성장했는가?
- 콘텐츠가 멈춘다면, 구독자들이 아쉬워할까?

'YES'라면 앞으로도 열심히 해라! 큰 걸 이뤄낼 수 있을 것이다. 만약 'NO'이고 적어도 18개월간(시장을 테스트하기에 충분한 시간이다) 콘텐츠 제작을 해왔다면 당신의 전략과 콘텐츠 계획을 재평가할 필요가 있다.

## 10. 일관성에 매진하라

마크 W. 셰퍼는 "일관성이 천재성보다 중요하다"고 한다. 그리고 나도 그 말에 동의한다. 고객 삶의 일부가 되려면, 당신은 남들보다 눈에 띄어야 한다. 다음의 팁을 기억하라.

- 확신하라. 콘텐츠 제작은 더이상 옵션이 아니다. 온라인 마케팅 성공을 위한 필수 조건이다.
- 계획하라. 일정을 정하고 그에 따르라. 콘텐츠 제작을 위한 구체적인 날짜와 시간을 정해서 실행하라.
- 연결을 끊어라. 집중력 부족은 최악의 적이다. 콘텐츠 제작 시 휴대전화 알림을 끄고 무음으로 바꿔라. 그리고 집중하라!
- 3주는 지속하라. 꾸준한 습관을 만들 때, 30이란 특별한 의미를 지닌다.
- 당신도 할 수 있다. 당신이 존경하는 사람들? 그들도 1일부터 시작했다.

# 9장

# 블로그

## 블로그가
## 가진
## 비밀

**빅토리아 베니언**
Victoria Bennion

빅토리아 베니언은 마케터이자 '빅토리아 베니언 팟캐스트 부킹 에이전시(Victoria Bennion Podcast Booking Agency)'의 설립자다. '베스트 게스트 (The Best Guest)'라는 팟캐스트의 호스트로도 유명하다.

🌐 victoriabennion.com

블로그를 시작하라. 블로그는 강력하면서도 가성비가 뛰어난 마케팅 도구다. 블로그를 시작하는 당신에게는 텍스트와 이미지로 구성된 콘텐츠를 주기적으로 공유할 수 있는 공간이 생긴다. 우리 기업이 지닌 개성이 빛날 수 있는 공간이자 타 기업과 우리 기업을 차별화할 수 있는 공간이다. 블로그는 사고적 리더십을 만들 수 있고 고객과 더 깊은 관계를 형성할 수 있다. 온라인에서의 브랜드 입지 강화, 자연스러운 웹사이트 유입 트래픽 증가도 기대해보자. 궁극적으로 활발한 블로그는 곧 잠재 고객의 증가로 이어질 수 있다.

블로그를 시작하는 게 두려운가? 사실 블로그 운영에 반드시 숙련된 언변가이자 글솜씨가 뛰어난 작가가 필요하진 않다. 당신도 충분히 훌륭한 블로그를 키워낼 수 있다. 다음의 팁을 활용해 당신만의 블로그를 만들어보라.

## 1. 익숙한 곳에서 시작하라

블로그는 우리의 모든 콘텐츠가 저장될 공간이다. 블로그 메인 페이지에 올라갈 링크는 당신이 올릴 게시물과 연결된다. 다행스럽게도 대부분 웹사이트에 블로그 기능이 있어서 쉽게 블로그를 개설할 수 있다. 특히 블로그는 검색 엔진 최적화에 가장 큰 도움이 되므로 단독적인 블로그보다는 기존 웹사이트에 블로그를 추가하는 것이 가장 좋다.

## 2. 성과는 하루아침에 만들어지지 않는다

모든 성과가 그렇다. 블로그를 만들고 성과를 내기까지는 시간이 걸린다. 장기 전략의 일부에 블로그가 포함되도록 하라. 블로그 방문자가 늘기까지는 6개월 정도 걸릴 거라고 예상하고 꾸준히 진행하라. 그렇다. 이건 시간을 투자하는 일이다. 정기적으로 업로드하면 반드시 성과가 나타날 것이다. 매주 게시물 하나를 올린다고 상상해보라. 하나의 게시물에 1천 개의 단어가 포함된다고 가정했을 때 18개월이면 7만 8천 개의 단어가 블로그에 올라가 있는 셈이다. 가히 한 권의 책으로 만들어 낼 수도 있는 수준이다.

## 3. 블로그의 필수 조건, 일관성

블로그 방문자가 우리 비즈니스에 대해 어떤 첫인상을 갖길 바라는가? 블로그 게시물에 어떤 어투를 사용할 것이며 어느 정도 격식을 갖출 것인지 생각하라. 이건 첫 번째 게시물을 쓰기 전에 먼저 고려해야 할 사항이다. 블로그 게시물을 쓰는 사람이 여러 명이라면 일관성에 더욱 집중하라. 일관성이 바탕된 브랜드 가치는 우리 기업에 대한 신뢰도를 높인다.

## 4. 고객은 어떤 것을 원하는가?

블로그에 있는 게시물은 하나하나 스스로의 가치를 갖는다. 고객은 어떤 게시물을 통해 우리와 만나게 될지 모른다. 그리고 운이 좋다면 그들은 우리의 충성스러운 팬이 되어 우리에게 투자할 것이다. 어떤 글을 올려야 할까? 뻔한 소리지만 블로그 방문자가 원하는 글이다.

고객이 자주 물어보는 질문FAQs을 모으면 고객이 원하는 것을 파악할 수 있다. 사람들이 검색하는 키워드나 업계 뉴스에도 꾸준히 관심을 가지면서 게시물에 쓰고 싶은 특별한 주제나 이 달에 특별한 이벤트가 있는지 확인하라. 이때 콘텐츠는 가치를 추가하는 내용이어야 하며 지나치게 물건을 판매하는 듯한 느낌을 주지 않는 것이 중요하다. 게시물 다섯 개 중에 한 번 정도를 홍보 목적으로 작성하는 것이 이상적이다.

## 5. 좋은 키워드는 좋은 기회를 만든다

좋은 콘텐츠는 방문자를 불러 모은다. 검색 엔진 최적화가 중요한 이유다. 블로그 게시물이 많을수록 검색 순위는 높아진다. 검색 결과에 당신의 블로그가 나타나도록 하려면 블로그 게시물에 키워드를 은근히 불어넣는 게 핵심이다. 키워드는 우리 콘텐츠를 담아낸다. 당신의 고객이 사용하는 문구를 검색해보라. 이 검색은 앞으로 블로그 게시물에 어떤 글을 올려야 할지 아이디어도 얻을 수 있다. 예를 들어 당신이 그랜드 캐니언 관광 업체를 운영한다면 잠재 고객은 아마 '그랜드 캐니언 지프 투어'를 검색하는 사람일 것이다. 키워드를 파악하는 데 도움을 받으려면, 모즈 키워드 익스플로러Moz Keyword Explorer나 구글의 키워드 플래너Keyword Planner 같은 무료 도구를 사용하라. 콘텐츠가 쌓여갈수록 더 많은 키워드에 우리의 웹사이트 순위가 등록될 것이고, 검색한 이들이 우리의 블로그를 방문하여 고객이 될 가능성이 커진다.

## 6. 백링크를 활용하라

인바운드 링크라고도 알려진 백링크backlink는 다른 웹사이트에서 당신의 웹사이트로 이어지는 링크다. 백링크가 있으면 다른 웹사이트가 당신의 콘텐츠를 괜찮은 접근이라고 보증하는 셈이다. 링크의 출처가 괜찮은 콘텐츠를 제공하고 윤리적으로 운영되는 곳이라면 백링크는 검색 엔진 최적화를 위한 훌륭한 도구다. 하지만 그렇지 않다면 구글로부터 처벌받을 위험을 감수해야 할 것이다. 그러므로 백링크 및 콘텐츠 제작은 단순하면서도 안전하게 유지해야 한다. 훌륭한 콘텐츠를 만들고 홍보하는 것에 집중하라.

## 7. 눈이 편한 콘텐츠를 만들자

당신의 콘텐츠는 거의 컴퓨터 화면, 휴대전화, 태블릿으로 읽힌다. 이를 감안해 텍스트 가독성을 확인하라. 큰 덩어리처럼 보이는 글이 되지 않도록 확인하자. 한 문단에 많은 텍스트를 쓰지 말고 간단한 문장 구조를 사용하고 부제, 중요 항목 표시, 시각적 이미지를 활용하여 문단을 짧게 나눌 수도 있다. 추가로 오탈자 실수와 문법적 오류가 없는 문장이라면 고객의 브랜드 호감이 더 높아질 수 있다. 자기가 쓴 글의 실수는 보이지 않을 수 있으므로 올리기 버튼을 누르기 전에 나 아닌 다른 누군가에게 부탁해서 다시 한번 확인하자.

## 8. 콘텐츠의 양도 중요하다

최근 몇 년 사이 길이가 긴 게시물이 유행을 이끌고 있다. 2천 단어 이상의 콘텐츠가 더 높은 검색 순위를 차지한다고는 하지만 단지 길이가 긴 콘텐츠를 위해서 말을 장황하게 늘어놓을 필요는 없다. 그래도 최소한 3백 단어는 되어야 좋다. 그보다 짧다면 블로그 방문자의 궁금증을 다 채우지 못하거나 검색 엔진이 당신의 콘텐츠를 제대로 파악하기 힘들 수 있다.

## 9. 분석 데이터 도구를 활용하자

방문자들에게 가장 인기 있는 게시물이 무엇인지 필수로 모니터하라. 달리는 댓글을 보며 어느 게시물이 가장 많은 고객의 참여를 끌어내는지 확인하라. 구글 애널리틱스Google Analytics 같은 분석 도구를 설치해서 어떤 게시물이 가장 많은 트래픽을 형성하는지 살펴볼 수도 있다. 그리고 가장 좋은 반응을 얻은 게시물을 참고해 비슷한 유형의 콘텐츠를 만들어라. 이것이 바로 분석 데이터의 올바른 활용이 아닐까?

## 10. 블로그는 생각보다 강력하다

주기적인 블로그 게시물은 신선하고 건강한 콘텐츠의 흐름을 만든다. 그리고 이 흐름은 기업의 이익으로 연결될 것이다. 기업은 게시물 업로드를 알리면서 구독자에게 이메일을 보낼 구실을 만들 수도 있다. 블로그의 게시물을 원하는 목적에 맞게 고칠 수도 있고 소셜 미디어 채널에 다양한 형태로 바꿀 수도 있다. 콘텐츠가 기업의 목표에 맞게 성장한다면 게시물을 순서대로 모은 다음 한 권의 전자책이나 종이책으로 만들어 고객들에게 더 큰 가치를 더해줄 수도 있을 것이다.

# 10장

## 팟캐스트

# 사람들의 귀는
# 늘 열려있다

### 마리온 아브람스, 채드 파리즈만
Marion Abrams, Chad Parizman

마리온 아브람스는 팟캐스트 프로듀서이자 컨설턴트로 폭넓은 콘텐츠 전략과 제작 경험이 있다. 팟캐스트는 Grounded Content이다.

🌐 Madmotion.com

채드 파리즈만은 전 브랜드 마케터로 일하다가 팟캐스트 프로듀서이자 에디터로 일하고 있다. 소셜 미디어는 cparizman이다.

🌐 adercommunications.com

현재 알려진 팟캐스트는 4백만 개가 넘는다.[18] 그렇다면 이 치열한 팟캐스트 시장에는 아예 발도 들이지 않는 게 맞을까? 모든 브랜드에 팟캐스트가 필요한 건 아니지만 모든 브랜드가 팟캐스트를 잘 활용할 수 있다고 생각한다. 에디슨 리서치Edison Research에서 시행한 인피니트 다이얼Infinite Dial 조사에 따르면[19] 미국 인구의 62%(약 1억 7,700만 명)는 팟캐스트를 들어본 적이 있다. 그러나 현존하는 4백만 개의 팟캐스트 중 지난 90일 동안 에피소드를 발행한 곳은 50만 개도 되지 않는 것으로 나타났다. 생각보다 해볼 만한 시장일 수도 있다.

팟캐스트의 청취자는 귀로 콘텐츠를 들으면서 동시에 다른 일을 할 수 있다. 팟캐스트는 휴대성도 좋아서 어디서든 들을 수 있다. 실제로 팟캐스트 청취자 75%가 집 밖에서 팟캐스트를 듣는다. 팟캐스트를 시작하기에 앞서 청취 경험, 청취 장소, 음성파일 길이, 이 세 가지 요소를 어떻게 조합하면 우리 기업에 이득이 될지 생각해보자. 녹음 버튼을 누르기 전에 다음의 팁에 주의하라.

## 1. 청취자를 미리 예상하라

팟캐스트 청취자는 다른 콘텐츠의 고객 유형과 완전히 다를 수 있다. 우리의 고객이라면 언제 팟캐스트를 들을지 생각해보자. 집중을 요구하는 깊이 있는 주제에 대한 에피소드를 들을까, 아니면 운동하거나 집안일을 하면서 들을 수 있는 에피소드를 선택할까?

우리의 목표 고객이 선호할 법한 다른 팟캐스트도 들어보라. 그들 중 모두가 우리의 경쟁사는 아니지만 고객에게 효과적인 주제와 형식을 파악하는 데 도움이 될 수 있다.

## 2. 우리에게는 어떤 차별성이 있는가?

수백 개의 팟캐스트 사이에서 선택받으려면 우리 콘텐츠를 돋보이게 하는 요소가 무엇인지 알고 있어야 한다. 이것이 바로 팟캐스트가 우리 기업의 지평을 넓혀줄 수 있는 또 다른 영역이다. 당신 기업이 수십 년의 역사를 지닌 유서 깊은 브랜드인가? 독창성을 강조하는 데 활용할 수 있는 전 세계적 파트너십이 있는가? 팟캐스트 운영에 적합한 능력을 가진 직원이 있다면 그것 또한 우리 기업의 장점이 될 수 있다.

## 3. 팟캐스트, 그 다음은 무엇일까?

궁극적으로 팟캐스트가 수익을 창출할 수도 있겠지만 어느 정도는 마케팅이나 커뮤니케이션 계획의 연장선에 있는 것도 맞다. 청취자들에게 '좋아요'와 '구독'을 요청하는 것만으로는 충분하지 않다. 현실에 안주하지 않고 매 에피소드에 새로운 것을 시도하라. 단순해보이지만 늘 같은 CTA로 끝내지 않는 것부터가 시작이다. 나아가 한 주제에 대한 추가 학습, 진정서 서명, 뉴스레터 구독, 링크드인에서 직원 팔로우 등 다양한 요구를 할 수도 있다.

## 4. 우리에게 맞는 팟캐스트 형식을 찾아라

팟캐스트의 가장 흔한 형식은 인터뷰 포맷이 아닐까? 그렇다면 어떤 진행 방식이 고객을 끌어들일 수 있을까? 당신의 조직 내에 호스트 역할에 적합한 사람이 있다면 좋겠지만 호스트 역할을 위해 누군가를 고용할 수도 있다. 그게 아니라면 호스트에 상관없이 미리 선정한 스토리를 중심으로 에피소드 여러 편을 제작하는 다큐 시리즈를 고려할 수도 있다. 이는 팟캐스트 첫 시즌, 여러 에피소드를 가지고 운영을 테스트할 수 있는 좋은 기회도 된다. 사실, 우리의 팟캐스트 운영 목적에 적합하다면 굳이 매주 에피소드를 올릴 필요도 없다. 중요한 것은 우리 기업이 어떤 기준과 목표를 가지고 팟캐스트를 꾸준히 운영할 것인가이다.

## 5. 우리에게 필요한 기술은 무엇일까?

우리의 팟캐스트가 크게는 어떤 모습일지의 그림이 그려졌으니 기술적인 측면에서 생각해보자. 마이크와 헤드폰부터 오디오 편집 프로그램, 더 고가의 장비를 갖춘다면 디지털 음성 워크스테이션까지 수백 가지의 기술 조합이 가능하다. 호스팅 공간이 필요한 팟캐스트의 경우 호스팅 서비스 제공사도 고려해 보아야 한다. 그리고 최신 기술에 대해 다루는 무료 팟캐스트 뉴스레터를 참고해 정보를 얻을 수 있다.

당신이 사용할 수 있는 기술을 다 언급하고 여러 페이지를 할애할 수도 있겠지만 그 모든 기술이 필요하지 않다는 것이 함정이다. 사실 팟캐스트는 50달러짜리 마이크로도 충분히 시작할 수 있다. 당장은 350달러짜리 마이크와도 큰 차이를 느끼지 못할 것이다. 그러니 처음 시작할 때는 콘텐츠의 질에 집중하는 데 더 많은 시간을 들여라. 기술 업그레이드는 나중에도 가능하다. 청취자층은 하이엔드 마이크를 사용한다고 해서 늘진 않는다. 그보다는 매력적인 토론 주제로 그들의 관심을 끌어보자. 팟캐스트 청취자층을 키우는 건 비즈니스를 키우는 것과 매우 비슷하다.

## 6. 성공적인 비즈니스는 고객의 니즈를 찾고, 충족시킨다

평균적으로 팟캐스트 청취자는 8개의 콘텐츠를 듣는다. 그들은 왜 당신의 콘텐츠를 들어야 하는가? 당신의 팟캐스트는 고객의 어떤 니즈를 충족시킬 수 있을까?

팟캐스트 청취자들, 즉 우리의 잠재 고객이 팟캐스트를 통해 추구하는 가치는 다른 마케팅 플랫폼에서 얻는 가치와 다를 수 있다.

한 예로, 간호사복 브랜드 데이터에 따르면 그들의 고객은 외로움을 덜 느끼기 위해 팟캐스트를 듣는 경우가 많았다. 이와 비슷한 접근에서 볼 때 그들이 생각하는 가치는 전문가를 게스트로 모셔서 듣는 교육적인 콘텐츠가 아닌 두 명의 호스트가 보여주는 친밀감과 우정이었다.

## 7. 새로운 청취자는 어디 있을까?

새로운 청취자를 모으는 가장 효과적인 방법은 우리의 목표 고객이 이미 듣고 있을 것 같은 팟캐스트 쇼에 게스트로 출연하는 것이다. 비슷한 콘텐츠라고 해서 서로 경쟁 관계일 필요는 없다. 두 팟캐스트 모두 교류를 통해 고객층을 늘릴 수 있다.

　다른 팟캐스트에 광고를 싣는 것 역시 당신이 원하는 목표 청취자에게 다가가는 강력한 방법이자 팟캐스트의 힘을 활용하는 전략이다. 이때 팟캐스트의 힘은 해당 콘텐츠의 호스트와 그의 청취자 사이의 관계에서 나온다. 최고의 실적을 자랑하는 콘텐츠와 팟캐스트 네트워크에서 사용하는 전략이 바로 이런 것이다.

## 8. 신규 청취자에게 훌륭한 고객 서비스를 건네라

우리 콘텐츠를 들어주는 신규 청취자가 생겼을 때의 기분은 말로 표현할 수가 없다. 엄청난 승리를 거머쥔 듯한 기분이 들기도 한다. 실제로도 그건 진정한 승리다. 에피소드의 처음 몇 분만으로 청취자는 계속해서 들을지 말지를 결정한다. 그들의 기대를 충족시키는 것은 결코 쉽지 않다. 그들을 계속해서 우리의 청취자로 지속시키려면 어떻게 해야 할까?

팟캐스트는 처음 몇 분으로 첫인상이 결정된다. 오프라인 사업에 비유하면 가게의 문을 열고 들어왔을 때 고객이 보게 되는 건 무엇인가? 그가 찾는 물건이 선반 위에 있는가? 가게는 깨끗하고 고객을 끌어들이는 분위기인가? 직원들은 친절한가? 청취자에게 당신이 찾던 쇼에 잘 찾아왔다는 사실, 이 에피소드에서 얻을 수 있는 가치가 무엇인지 알려줘라. 이는 훌륭한 고객 서비스에 상응하는 개념이다. 가산점을 얻으려면 처음 몇 분 동안에 그들의 호기심을 끌 수 있는 방법을 찾아라.

## 9. 신규 청취자에서 단골 청취자가 되는 법

비즈니스 측면에서 보면 고객 생애 가치라고 할 수 있다. 진정한 우리 기업의 성장을 위해 팟캐스트 청취자와의 관계를 어떻게 키워갈지 생각해야 한다. 오랜 시간 팟캐스트를 운영한 글렌 허버트Glenn Hebert는 "청취자는 콘텐츠를 찾아왔다가 호스트를 보고 머물게 된다"라고 말한다. 신규 청취자들은 필요한 게 있어서 당신을 찾아오지만 호스트와 연결고리를 형성하고 나서는 팟캐스트 쇼와 함께 하기로 결심한다. 이 성장 단계는 관계 형성의 세 가지 핵심인 청취자 획득, 청취자 서비스, 청취자 유지를 보여준다.

## 10. 고객을 이해하기 위해 데이터를 사용하라

에피소드 발행 후 일주일을 주목해보면 다운로드 횟수를 알 수 있다. 청취자의 평균 청취 시간 비율을 살펴보고 에피소드 내용을 비교해보라. 청취자가 좋아하는 주제와 제목에 대한 인사이트를 얻고, 수치화된 데이터를 참고하라. 어느 에피소드가 콘텐츠 진행 시간 80% 내내 청취자의 집중을 유지했는가? 청취자가 콘텐츠의 40% 정도만 들은 에피소드는 무엇인가? 이 두 가지 패턴을 통해 우리 팟캐스트가 구체적으로 고객의 어떤 필수적 니즈를 채워주고 있고 어떤 점을 보완해야 하는지 파악할 수 있다.

# 11장

# 동영상

# 콘텐츠의
# 왕

## 로라 벤델랜드 도만
### Laura Vendeland Doman

로라 벤델랜드 도만은 기업에서 IT 세일즈를 담당하다 최근 영화, TV, 상업 광고, 산업 부문 영상 등에서 배우, 보이스오버 아티스트, 강연가로 활동한다. 그의 유튜브 동영상 시리즈, '바쁜 임원들을 위한 카메라 촬영 팁(On Camera Tips for Busy Execs)'은 배우가 아닌 사람들이 실시간 및 녹화 영상 촬영을 위해 카메라 앞에 서야 할 때 더 자연스럽고 효과적으로 행동할 수 있도록 도움을 준다.

🌐 www.LauraDoman.com

동영상은 카드게임으로 치면 킹 카드다. 동영상은 소셜 미디어를 정복했다. 동영상, 릴스, 쇼츠는 시청자 참여라는 측면에서 어떤 미디어보다도 월등히 뛰어나다. 심지어 온라인 동영상 광고는 미국 내에서 전통적인 TV 광고에 사용되는 예산을 뛰어넘은 상태다.[20]

전 세계적으로 사용자가 26억 명이 넘는 유튜브는 세계적인 웹사이트 중 하나가 되었다. 동시에 유튜브는 이미 강력한 검색 엔진 역할도 하고 있다. 유명함으로 치자면 모기업인 구글 다음으로 유튜브가 2위다! 우리는 어떻게 우리 동영상을 돋보이게 할 수 있을까? 효과적인 마케팅 동영상을 만드는 방법과 당신에게 최대한 이득이 되는 유튜브 활용법에 관한 10가지 팁을 공유해 보겠다.

## 1. 사람들이 좋아할 영상을 만들어라

오늘날 인기 있는 동영상은 정보 전달 동영상도 아니고 교육적인 동영상도 아니다. 바로 교육적인 콘텐츠를 오락적인 요소와 적절히 섞은 동영상이다. 동영상의 제목과 설명에서부터 시청자에게 정확히 무엇을 배울 수 있을 것인지 알리고, 흥미로우면서도 참여를 유발하는 방식으로 내용을 전달해야 한다. 유용한 내용을 유머러스하게 전달하는 것은 고객의 관심을 끌고 당신의 아이디어를 판매하는 데 도움이 될 것이다.

## 2. 훌륭한 콘텐츠를 만들어라

카메라에 대놓고 말하는 방식은 한물 간 지 오래다. 유튜브 동영상 품질은 하루가 다르게 발전하고 있다. 이는 시청자 역시 뛰어난 품질의 제품을 기대한다는 것을 의미한다. 다행히 요즘에는 저렴하고 쉽게 동영상을 만드는 방법이 많다. 그리고 대부분의 스마트폰에는 편집 기능이 내장되어 있다. 간단한 조작부터 익혀보고 자신에게 맞는 도구를 찾아라. 훌륭한 동영상을 만들기 위해 파산의 위기까지 겪을 필요는 없다.

- 당신이 말하고자 하는 핵심 포인트를 설명하기 위해 다른 동영상 일부와 사진을 합쳐도 된다.
- 당신이 전달하고자 하는 메시지의 분위기에 맞는 (그렇지만 아주 장악해 버

리지는 않는) 음원을 추가해도 좋다. 이때 사용 허가를 가진 콘텐츠만을 사용하는 것은 필수다.

- 다양한 앵글에서 촬영해서 영상에 흥미를 더하라.
- 하나의 핵심 포인트와 다음 포인트를 연결할 때 텍스트, 모션 그래픽, 짧은 음향 효과 등 전환 방식을 사용해서 메인 아이디어를 강조하라.
- 동영상에 자막을 추가하라. 직장이나 공공장소에서 영상을 시청하는 경우나 청각 장애인을 위해 소리를 켜지 않아도 동영상을 시청할 수 있는 옵션을 더하라. 여러 유형의 시청자를 포용하는 것은 마케팅 측면에서도 똑똑한 선택일 수 있다.

## 3. 발표자 대신 스토리텔러가 되어라

- 개인적 요소를 더해 말하라. 마치 이 주제에 관심 있는 단 한 사람에게 이야기하는 것처럼!
- 시청자를 '향해' 말하는 게 아니라 시청자'에게' 이야기하라. 교육 목적을 지닌 영상일지라도 결코 그들을 하대하듯 말하지 마라. 시청자의 지식수준을 존중하며 모든 이에게 정말 익숙한 표현이 아니라면 전문적인 용어를 너무 많이 사용하지 마라.
- 동영상으로 질문하라. 그리고 화면 건너편의 이들에게 대답할 시간을 주어라. 질문은 시청자를 대화에 참여하게 하며 우리를 기억하게 한다.
- 해설이 필요한 동영상이라면 전문 성우를 써서 스토리텔링의 효과를 고조시켜라.

## 4. 플랫폼별 특징을 이해하자

각 플랫폼의 특징을 파악하고 동영상을 제작하는 것 또한 성공의 열쇠가 될 수 있다.

- TV, 유튜브 혹은 웹사이트 등 화면의 가로 전환을 사용하는 플랫폼에서 재생되는 동영상은 가로모드로 촬영하라. 우리의 시야는 원래 수평적이어서 주변 시야를 사용해 더 많은 이미지를 볼 수 있다. 깊은 몰입이 필요하거나 사실감이 클 때 극적인 효과를 낼 수 있는 콘텐츠의 경우에 가로 영상으로 제작하면 좋다. 가로 영상은 많은 정보를 전달하는 10분 이상의 롱폼long-form 콘텐츠에 적절하다.
- 인스타그램, 틱톡, 페이스북, 유튜브 쇼츠 등 세로형 콘텐츠를 선호하는 소셜 네트워크에 업로드할 때는 세로모드를 사용하라. 세로 동영상은 찍기 쉽고, 업로드가 빠르며, 주로 모바일 기기로 시청한다. 일반적으로 1분 미만으로 짧은 경우가 많고 즉흥적이거나 크게 노력을 기울이지 않고 찍은 듯한 느낌을 주며, 유행으로 이어지지 않는 한 수명이 짧은 특성이 있다.
- 특수 효과를 위해 모션 그래픽을 추가하라. 예를 들어 애니메이션이 입혀진 동영상은 눈이 심심하지 않아 시청자의 흥미를 유발한다.
- 짧은 동영상을 만들어 끝까지 시청하는 사람이 더 많게 하라. 시청자의 집중력 지속 시간은 놀라울 정도로 짧다. 그리고 점점 더 짧아지는 추세다. 다음 소셜 미디어별 효율적인 영상 시간이다. 제작에 참고하라.

- 인스타그램 릴스나 페이스북 동영상 : 60초 미만
- 인스타그램이나 페이스북 스토리 : 15초 미만
- 틱톡 동영상 : 21~34초
- 링크드인 동영상 : 30~90초
- 트위터 동영상 : 44초
- 유튜브 쇼츠 : 15~60초

## 5. 카메라랑 친해지기

진행자가 알아두면 좋을 팁이 있다.

- 말할 때 카메라 렌즈와 눈을 맞추어라. 시청자는 당신이 직접 조언해 주는 것처럼 느낄 것이다.
- 프롬프터를 사용하면서 촬영하면 마치 대본 없이 스스로 말하는 듯한 효과가 있다.
- 카메라 프레임에 대해 이해하라. 카메라의 시선으로 봤을 때 당신이 얼마나 움직일 공간이 있는지(위, 아래, 양옆) 파악해서 프레임 밖으로 사라지지 않도록 하라.
- 전체적으로 목소리 높이와 톤, 발화 간격을 다양하게 구성하라. 극적 효과가 필요하거나 생각을 정리해야 할 필요가 있을 때는 의도하여 잠시 멈춰라. 시청자는 화면을 통해 분위기를 읽을 수 있다. 긴장을 풀고 원래 자기 모습 그대로 즐겁게 임하라.

## 6. 이제 사람들은 유튜브로 검색한다

동영상 제목을 정하거나 태그할 키워드를 생각할 때 사람들이 우리 콘텐츠를 어떻게 검색할지 상상해보라. '~하는 방법' '~ 하는 몇 가지 방법' '~을 활용하는 최고의 방법' 같은 제목이 가장 무난하다. 시청자는 아마 '자전거 조립하는 방법' '투자하는 방법' '오래된 병을 활용하는 최고의 방법' 같은 키워드로 검색할 것이다.

## 7. 어떤 키워드를 넣을 것인가?

- 동영상을 가장 잘 설명하는 키워드를 동영상 제목, 설명에 사용하라.
- 동영상 주제와 관련된 인기 키워드 및 문구를 태그하라.
- 각 하위 주제가 시작할 때 타임스탬프를 표시해 여러 챕터로 구성하라.
- 동영상 마지막 장면이나 설명에 당신의 채널 또는 다른 동영상으로 연결되는 링크를 걸어 당신의 유튜브 채널 시청자 수를 늘려라.

## 8. 꾸준하게 고객의 눈에 띄어라

- 유튜브는 주기적으로 채널에 새로운 업데이트를 하는 크리에이터에게 보상을 제공한다. 시청자는 동영상 업로드 일정에 익숙해지고 업로드 주기마다 당신의 새로운 동영상이 올라오기를 기대할 것이다.
- 유튜브는 시청자가 보고 있는 동영상과 같거나 비슷한 주제로 만든 다른 동영상을 소개한다. 동영상을 업로드한 다음, 동영상 내에 '카드'를 넣고 그 카드를 클릭하면 새로운 탭이 열리면서 관련 동영상이나 재생목록으

로 연결된다. 자연스럽게 고객을 우리에게로 이끌어라.

- 유튜브 구독을 제안하라. 구독자는 새롭게 업로드된 콘텐츠를 더 쉽게 확인할 수 있고 당신은 콘텐츠가 업로드될 때마다 구독자에게 알림을 보낼 수 있다.

- 브랜딩 전략을 유튜브 채널로 확장하자. 우리 기업의 제품이나 서비스 혹은 근무 중인 자기 모습을 배너 이미지로 사용할 수도 있다. 로고와 연락처 정보를 넣거나 곧 열릴 행사를 홍보하는 내용을 담을 수도 있다. 그렇게 되면 시청자는 유튜브 채널만 보고도 우리 기업의 마케팅 메시지를 한눈에 파악할 수 있다.

## 9. 많은 사람에게 보여라

우리 기업의 웹사이트, 이메일, 뉴스레터, 블로그에 동영상의 노출과 홍보가 이루어지도록 하라. 새로운 시청자가 생길 수 있는 다양한 길이 마련될 뿐 아니라 그들과 연결된 사람들도 새로운 고객층으로 만들 수 있다. 이처럼 다양한 플랫폼은 여러 고객층에 맞게 조정할 수 있어서 비록 제작된 동영상이 하나여도 콘텐츠에 다양한 관점을 부여하는 방식으로 활용할 수 있다.

## 10. 멀티채널을 활용하라

페이스북, 인스타그램, 틱톡 등 다른 소셜 미디어 플랫폼에 맞게 동영상을 수정해서 사용하라.

- 짧은 스토리나 인물 모드로 릴스를 만들어서 당신의 콘텐츠 내용을 요약해서 보여주고 고객이 콘텐츠를 보고 싶게 만들어라. 그리고 유튜브 동영상 원본 링크를 넣어라.
- 핵심 주제나 문구로 이미지를 만들어 동영상 사이사이에 넣어라. 혹은 인스타그램이나 틱톡의 기본 기능인 그래픽, 애니메이션, 음악, 보이스오버를 추가해서 콘텐츠에 생동감을 더하라.

'모든 길을 로마로 통한다'라는 말처럼, 이 모든 플랫폼이 결국에는 시청자를 당신의 유튜브 채널로 향하게 할 것이다. 브랜드 전략이 적용된 유튜브 배너에, 적절한 제목을 붙인 동영상이 체계적으로 정리되어 있다면 우리의 시청자와 구독자 기반은 꾸준히 증가하게 될 것이다. 결국 사람들이 좋아하는 건 자기의 네트워크 안에서 훌륭한 콘텐츠를 찾아서 공유하는 일이다.

# 라이브 스트리밍

# 새로운 커뮤니케이션의 탄생

## 이안 앤더슨 그레이
### Ian Anderson Gray

이안은 '컨피던트 라이브 마케팅 아카데미(The Confident Live Marketing Academy)'의 설립자이자 '컨피던트 라이브 팟캐스트(The Confident Live Podcast)'의 진행자다. 그는 라이브 스트리밍으로 기업이 그들의 영향력, 권한, 수익을 상승하는 데 도움을 준다. 전문 성악가이기도 한 이안은 영국 맨체스터 인근에서 살고 있다.

🌐 iag.me

라이브 스트리밍이 내 사업의 판도를 완전히 바꾼 것처럼 여러분의 사업도 충분히 변화시킬 수 있다. 시청자들과 직접 접촉하고 전문성까지 어필할 수 있는 강력한 힘, 라이브 스트리밍을 소개한다. 팟캐스트의 친근감에 콘텐츠의 전문성까지 갖춘 라이브 스트리밍은 당신과 고객 사이에 인간적인 연결고리를 만든다. 또한 라이브 스트리밍의 녹화 영상을 블로그, 팟캐스트, 동영상 쇼츠 등 각 플랫폼의 목적에 맞게 수정하여 사용할 수도 있다. 혹시나 라이브 방송을 시청하지 못했던 고객에게까지 다가갈 수 있는 방법이다. 훌륭한 라이브 스트리밍 콘텐츠를 제작하는 10가지 팁을 다음과 같이 공유한다.

## 1. 라이브 스트리밍의 성공은 5P에 달렸다

2019년 5월부터 매주 금요일마다 발행되는 나의 팟캐스트 '컨피던트 라이브 팟캐스트'는 라이브 스트리밍 쇼를 기반으로 한다. 현재까지 꾸준히 발행되는 이 에피소드는 철저히 5P 아래 실행된다. 5P는 계획planning, 사전 홍보pre-promotion, 제작production, 사후 홍보post-promotion 그리고 용도 변경repurposing을 의미한다.

- **계획** : 고객의 관심을 끌기 위한 목표를 분명히 정하면서 가치 있는 라이브 스트리밍을 추진할 수 있다.
- **사전 홍보** : 언제, 어디서 라이브 방송을 진행할지 시청자에게 미리 공지해야 한다. 라이브 스트리밍 일정을 미리 잡고 소셜 미디어 채널, 이메일 뉴스레터 등을 통해 시청자와 공유하라.
- **제작** : 라이브 스트리밍을 마치고 나면 다시보기를 누구에게 제공할지 고민한다. 다시보기를 시청한 고객이 라이브로 시청한 고객보다 더 큰 고객층이 될 수도 있다.
- **사후 홍보** : 만들어진 동영상을 홍보하는 동안에는 시청자의 댓글에 답하고 동영상을 중심으로 소규모 커뮤니티를 형성하는 데 시간을 할애하라.

## 2. 라이브 영상을 자유자재로 활용하자

5P의 마지막은 라이브 스트리밍 콘텐츠를 다른 용도에 맞게 변경 repurposing하는 일이다. 매주 진행하는 라이브 쇼 자체에 걸리는 시

간은 채 한 시간도 되지 않는다. 방송이 종료되면 라이브 동영상은 유튜브 동영상, 쇼츠, 스토리, 인포그래픽 등 원하는 플랫폼에 맞게 편집해 활용할 수 있다. 만들어진 동영상에 자막을 입혀 블로그 등에 이미지로 사용할 수도 있다. 라이브 스트리밍은 그야말로 콘텐츠의 원동력이다.

## 3. 어디에서 '라이브' 할 것인가?

라이브 스트리밍은 주로 스마트폰이나 컴퓨터로 진행된다. 스마트폰 라이브는 기동성이 좋음과 동시에 친밀한 느낌을 주지만 컴퓨터 라이브는 고품질로 제작이 가능하고 전문적인 카메라와 마이크 사용이 가능하다. 또한 컴퓨터 라이브를 이용하면 라이브 스트리밍 중 일정을 추가하거나 브랜딩 전략을 더하는 것까지 가능하다.

라이브 스트리밍 도구를 선택할 때 다음의 조건을 확인해보자.

- 동시에 여러 곳으로 송출이 가능한가?
- 원격으로 게스트 초청이 가능한가?
- 원하는 화면 해상도가 구현되는가?
- 내가 가진 기기(스마트폰, 컴퓨터 등)의 사양은 도구 설치에 적절한가?
- 동영상과 오디오를 함께 저장하는가?

  * ISO 레코딩 도구는 동영상, 오디오를 따로 저장한다.

## 4. 나는 최고의 진행자다

맨 처음 스트리밍 라이브를 켰을 때 정말 당황했던 기억이 난다. 사람들이 나에 대해 어떤 평가를 할지 걱정했다. 사람들 앞에 나설 때 이런 감정을 느낀다면 당신만 그런 건 절대 아니니 걱정하지 마라.

먼저, 무작정 라이브를 켜지 마라. 무엇을 이야기할지 반드시 계획을 세워라. 하지만 너무 많이 생각하지 마라. 사람들은 생각보다 완벽을 기대하지 않는다. 첫 번째 방송은 훌륭하지 않을 수도 있지만 당신은 꾸준히 나아질 것이고, 자신감도 점점 붙을 것이다. 6개월간 빠지지 않고 매주 라이브 스트리밍을 진행하는 걸 목표로 삼아라. 6개월이라는 시간 동안 자신감을 얻고, 시청자층을 형성하고, 방송 기술을 연마하라.

다음으로는 여러분을 응원하고 솔직하게 의견을 말해주는 사람을 주변에 두라. 다른 크리에이터의 동영상을 보되 영감을 얻거나 연구를 위한 목적이 아니면 그들과 자신을 비교하지 마라. 당연히 나보다 더 낫고 더 많이 알고 있는 사람들은 존재하기 마련이지만 누구도 당신이 지닌 인격적 특성이나 소통 방식을 가지고 있진 않다. 당신 그대로의 모습으로 고객에게 다가가라.

## 5. 완벽하기 위해 노력하지 마라

라이브 스트리밍이 힘든 이유는 내가 완벽하기 위해 노력했기 때문이었다. 다시 한번 강조하고 싶은 것은 고객이 원하는 건 라이브 스트리밍 진행자의 완벽함이 아니다. 사실 지나치게 잘 정제되고, 초전 문적인 콘텐츠는 사람들을 떨어져 나가게 할 수도 있다. 마케팅 전문가 필립 코틀러Philp Kotler는 "브랜드는 지금보다 덜 위협적이어야 한다. 진정성과 솔직함을 지녀야 하고 자신들의 결점을 인정해야 하며 완벽하게 보이기 위한 노력은 그만두어야 한다"라고 말했다.[21]

## 6. 우리에게는 편집 기능이 있다

라이브로 방송할 필요가 없다고 해도 마치 라이브인 것처럼 녹화하라. 동영상 녹화 과정에서 실수도 하겠지만 나중에 편집하면 된다. 라이브를 시청하는 고객과 소통하는 기회 같은 장점을 누릴 수는 없겠지만 특별한 노력을 들이지 않으면서 사전 녹화된 콘텐츠를 제작할 수 있는 훌륭한 방법이다.

## 7. 에너지 넘치는 모습을 보여라

사람들 앞에 나가 말하는 일이 카메라에 대고 말하는 것보다 쉬운 이유는 실제 청중들이 주는 에너지를 활용할 수 있기 때문이다. 라이브 스트리밍을 진행하면 수십 혹은 수백 명의 사람이 당신을 보고 있지만 당신은 그들을 보지 못하거나 그들의 반응을 알아차리지 못할 수 있다. 이런 상황의 대처를 위해 카메라 앞에서는 과장된 진정성을 보여줄 필요가 있다. 다시 말해 자기 모습 그대로 라이브 스트리밍을 시작할 순 있지만 훨씬 더 많은 에너지를 보여주어야 한단 의미다.

그리하면 시청자는 더 귀를 기울일 것이다.

## 8. 기술을 탓하지 마라

한 번은 한 달 내내 라이브 스트리밍을 켜지 않았다. 카메라에 보이는 내 모습이 지루하고 재미없게 느껴졌기 때문이다. 내가 뒷배경으로 사용하던 밋밋한 흰색 벽이 부끄러웠고 카메라, 음향 세팅도 맘에 들지 않았다. 사실 진짜 문제는 그게 아니었는데도 말이다. 기술 탓을 하긴 쉽지만 자신의 자신감을 되찾고 마음가짐을 올바르게 하는 건 어렵다. 무엇보다 당신의 시청자에게 집중하라. 고객은 당신을 기다리고 있다.

## 9. 무엇이든 기본에 충실하라

라이브 동영상을 스트리밍하려면 기기(스마트폰이나 컴퓨터), 인터넷, 라이브 스트리밍 앱만 있으면 된다. 스마트폰을 사용하면 기동성을 갖출 수 있고 더 날 것의, 진정성 있는 느낌을 전달할 수 있다. 반면 컴퓨터는 유연한 제작이 가능하다. 당신의 쇼에 게스트를 초청할 수도 있고, 라이브 스트리밍 일정을 세운다든지, 브랜드 전략을 적용한 그래픽을 추가하며, 전문적인 카메라와 마이크를 사용할 수 있다는 장점이 있다. 하지만 기본적인 기술 장비 외에 나머지는 사실상 케이크 위에 마지막으로 얹는 체리 장식처럼, 있으면 좋지만 꼭 필요하진 않다.

## 10. 카메라 밖 고객에 집중하라

라이브 방송 시청자는 그들이 갖는 소속감에 만족한다. 라이브 방송에 입장하는 그들을 티나게 환영하고 그들의 질문에 대답하는 것이 중요하다. 하지만 다시보기를 제공한다면 다시보기 고객을 위해 라이브 시청자를 향한 지나치게 격한 반응, 과도한 호감 표현에 주의하자. 마지막으로, 라이브 스트리밍 영상을 팟캐스트용으로 변경한다면 당신에게는 세 번째 고객층, 오직 듣기만 하는 고객층이 생기는 셈이다. 그들은 이어폰을 귀에 꽂고 쇼를 들음으로써 더 친밀한 경험을 형성하게 된다. 만약 라이브 동영상이 팟캐스트 청취자를 위해 활용될 여지가 있다면 어떤 이미지가 보이고 있는지 필수로 설명해 주어야 한다.

## 메시지와 카피라이팅

# 좋은 메시지는
# 고객을
# 끌어온다

알 보일, 주세페 프라토니

**Al Boyle, Giuseppe Fratoni**

알 보일은 프리랜서 카피라이터이자 작가다.

 alboylewrites.com

주세페 프라토니는 변화를 코칭하고 비즈니스 전
략을 수립하는 일을 한다.

 www.giuseppefratoni.com

사람들의 집중력은 점차 짧아지고 있다. 잠재 고객의 관심을 끌기 위해 우리에게 일반적으로 허용된 시간은 1분도 되지 않는다. 이것이 바로 효과적인 메시지와 카피라이팅이 성공적인 마케팅 전략에 필수적인 이유다. 메시지와 카피라이팅의 차이를 이해하는 것부터 시작해보자.

메시지는 당신이 가진 비전, 가치, 고객을 돕기 위해 당신이 무엇을 하는지, 어떻게 하는지, 왜 하는지를 담고 있다. 카피라이팅은 그 메시지 내용을 어떻게 기억에 남을 수 있게 고객 참여를 끌어낼지에 관한 방법이다. 메시지와 카피라이팅의 적절한 조화는 당신이 원하는 완벽한 고객을 가져다 줄 것이다.

당신이 전하려는 메시지가 고객의 니즈와 맞지 않는다면 아무리 별처럼 눈부신 카피라이팅이라 하더라도 도움이 될 수 없다. 이와 마찬가지로, 빛을 잃어 시들해진 카피라이팅으로 전달된 메시지는 아무리 별처럼 반짝이는 메시지라 하더라도 시끄러운 세상 속에서 그대로 사라져 버린다. 다음은 현대 사회의 소음 속에서 살아남는 마케팅을 할 수 있는 10가지 팁이다.

## 1. 이제는 좋은 마케팅을 할 때

지금까지 많은 기업에서 문제 있는 마케팅을 알고도 밀어붙였기 때문에 일부 사람들은 마케팅이 지나치게 거슬리고 짜증나는 일이라고 생각한다. 하지만 실제로 마케팅은 전혀 그렇지 않다. 좋은 마케팅은 자연스러운 커뮤니케이션 채널을 형성한다. 그리고 그 채널을 통해 고객은 당신이 어떻게 그의 니즈를 충족시켜 줄 수 있을지 이해하게 된다. 고객에게는 풀어야 할 문제가 있고, 당신은 솔루션을 가지고 있으니 고객에게 안도감을 줄 수 있다고 소통하는 것뿐이다.

## 2. 첫째도, 둘째도 고객이다

마케팅은 한마디로 고객과의 효과적인 소통이다. 소통의 핵심은 고객의 관심사를 최우선으로 다루는 것이다. 고객은 자신에게 생긴 문제를 빨리, 효율적으로 해결하고 싶어하면서 당신의 메시지 안에 과연 자기를 위한 것은 무엇이 들어있을지 궁금해한다. 이를 위해서 당신은 반드시 고객에 대해 알아야 한다. 그냥 '아는 정도'가 아니라 모든 것을 아는 오랜 친구처럼 이해할 수 있어야 한다. 고객의 나이, 위치, 성별, 교육 수준, 사회경제적 지위 그 이상을 알고 있어야 한다. 고객의 세계관, 가치, 믿음 그리고 그들이 왜 그런 세계관, 가치를 지지하는지 깊이 파고들어 생각하라. 분명하게 설명할 수 있을 정도로 잠재 고객을 이해하려고 하라. 그러면 당신이 전하려는 마케팅 메시지가 저절로 써질 것이다.

## 3. 고객의 표현을 따라 하라

고객을 연구하자. 인터뷰, 설문조사, 소셜 미디어를 살펴보는 게 도움이 될 것이다. 인터뷰와 설문조사는 고객의 소리VOC, voice of the customer를 듣는 강력한 도구다. 먼저 클라이언트나 잠재 고객을 상대로 전화 인터뷰를 진행해보라. 가능하다면 통화를 녹음하는 것이 좋다. 20분 정도 통화 일정을 잡아서 질문을 하되 메시지에 고객이 사용하는 표현을 담아라. 이렇게 고객 연구를 마치고 나면 고객이 자신의 문제와 상황에 대해 어떻게 생각하고 있는지를 알게 된다. 당신의 메시지에 고객의 표현, 고객의 목소리를 담는 것이 마케팅 성공을 위한 핵심이다.


## 4. 당신의 진짜 목소리를 담아라

이제 곧 탄생할 마케팅 문구는 고객의 눈을 번쩍 뜨이게 할 것이다. 하지만 아직도 당신은 현실에서 빈 화면을 상대로 눈싸움하고 있을 수도 있다. 자, 그렇다면 쓰지 말고 말하라. 여러분이 전달하고자 하는 메시지를 휴대전화로 녹음하고 그 내용을 받아 적어라. 그냥 말로 내뱉어라! 혹은 당신과 당신의 사업을 잘 이해하는 누군가에게 당신을 인터뷰해주기를 부탁해보자. 거창할 것 없이 그냥 둘이 대화를 나누는 거다. 마치 비즈니스 컨퍼런스에서 네트워킹하거나 잠재 고객과 이야기할 때와 마찬가지다. 그 대화에서 끌어내야 할 것은 고객에게 공감을 불러일으킬 수 있는 것이어야 한다.

## 5. 추천인을 찾아라

당신을 대신해서 이야기하는 데 당신의 고객보다 더 효과적인 사람은 없다. 고객은 판매자인 여러분보다는 자기 동료 격인 다른 고객을 훨씬 더 신뢰한다. 마케팅 세계에서 우리는 이를 일컬어 사용자 생성 콘텐츠UGC, user generated content 혹은 사회적 검증이라 부른다. 취업 추천서의 온라인 버전이라고 생각하면 된다.

오늘날 소비자는 기업의 서비스나 상품을 구매하기 전에 기업에 관한 연구를 한다. 그리고 상품에 만족한 고객이 남긴 추천 글로 원하는 정보를 제공받는다. 당신의 제품이나 서비스에 대해 공통적인 고객 반대 의견은 무엇인가? 한때 반대 의견을 가지고 있었지만 지금은 만족하는 고객에게 우리 제품에 대해 물어라. 앞서 4번에서 언급한 녹음이나 녹화를 통해 정보를 얻어내는 방법도 있다.

## 6. PAS 카피라이팅 방식을 사용하라

사람들은 즉각적인 문제 해결을 원한다. PASproblem-agitate-solution (문제-선동-해결) 카피라이팅 방식은 그 효과 덕분에 오랜 세월 많은 이들의 지지를 얻어왔다. 고객의 문제P를 언급하며 카피 문구를 시작하라. 그러면 고객은 그 즉시 알아볼 것이다. 카피 문구는 구체적이어야 한다. 그 문제로 고객은 어떤 생각과 느낌을 받는가? 좌절감, 분노, 슬픔을 느끼는가? 카피 문구에 고객의 생각을 불어넣어라. 자, 이제 고객의 관심을 끌었으니 문제를 복잡하게 만드는 요인들A과 결합하라.

해결책이 없다면 고객의 삶은 얼마나 어려워지겠는가? 그것을 고객이 느끼게끔 하라. 해결하지 않으면 자신에게 어떤 결과가 닥칠지 고객이 인지했으니, 우리가 해결책을 제시할 때다. 고객이 우리의 해결책s을 선택했을 때 얻을 수 있는 것을 나누어라.

## 7. AIDA 방식을 고려하라

AIDAattention-interest-desire-action (주의-관심-욕구-행동) 방식은 고객의 구매 과정을 그대로 반영하고 있다. 주의A, attention 단계에서 우리 제품이나 서비스 인지도를 쌓는다. 일단 고객이 우리 브랜드를 인지하고 나면 그들의 관심I, interest에 불을 지피게 되고, 갖고 싶다는 욕구D, desire가 발동하며 갖기 위한 행동A, action을 취하게 된다. 개념적으로 봤을 땐 이해하기 쉽지만 그 실행은 어렵다. 이때가 바로 3번, 4번 조언에 따라 시행했던 고객 연구가 빛을 발하는 순간이다. 고객의 마음을 울리는 콘텐츠와 카피를 만들기 위해 구매자의 심리를 활용하라.

## 8. 진정성 있는 소통을 하라

단순히 '화요일은 업로드하는 날이니까 뭐라도 올려야 한다'라는 마음은 오히려 고객의 시간을 뺏는 일이다. 그리고 이것은 고객에게까지 전달된다. 우리 고객을 항상 우선순위로 두고 목적 있는 게시물로 고객의 마음을 얻길 바란다. 이때 게시물의 마무리는 고객 참여를 권장하는 행동 유도 문구CTA면 좋다. 고객에게 질문을 던져 대화로 이어지는 댓글을 남기도록 유도하라. 그리고 그들이 반응하면 그때부터 관계를 만들어보자. 효과적인 CTA라고 해서 항상 뭔가를 팔아야 하는 건 아니다.

## 9. 새로운 카피라이터, AI

최근 마케팅 세상의 큰 파장은 단연 인공지능, AI다. AI를 활용한 도구는 머신러닝 알고리즘으로 대량의 데이터를 분석하여 고객 맞춤형, 양질의 콘텐츠를 제작한다. 또한 검색 엔진을 위한 최적화, 키워드 검색 등 다양한 역할도 수행하여 결과적으로는 당신이 카피라이팅에 들일 노력을 줄여준다. 하지만 동시에 AI가 지닌 한계를 이해하는 것도 중요하다. AI는 학습한 데이터를 바탕으로 말하기 때문에 양질의 데이터 학습이 필수적이다. 챗GPT에 자기 능력을 단어 100개 이하로 설명해보라고 물었더니 다음과 같은 답이 돌아왔다.

저는 OpenAI에 의해 훈련된 언어 모델입니다. 과학, 수학, 역사, 최근 사건 등 광범위한 주제에 관한 질문에 대답할 수 있고 정보를 제공할 수 있습니다. 번역 및 텍스트 생성 등 언어 관련 작업에도 도움을 드릴 수 있습니다. 저는 진짜 사람은 아니며 인터넷에 대한 접근도 없으므로, 웹을 검색하거나 실시간 정보가 필요한 작업은 수행할 수 없습니다. 하지만 방대한 양의 텍스트 데이터를 기반으로 학습해 왔으며 학습을 통해 얻은 지식을 사용해서 최대한 정확하고 유용한 정보를 제공합니다.

AI는 아직까지도 창의적 사고를 요구하는 업무에는 적합하지 않다는 의견이 있다. 그리고 어떤 AI는 인간의 언어가 지니는 미묘한 뉘앙스의 차이, 복잡성을 완전히 잡아내지 못할 수도 있다.

## 10. 마케팅 성과를 측정하라

다음은 챗GPT가 고른 메시지 성과 측정 방법이다.

- 웹사이트 트래픽, 전환율, 고객 참여 등 핵심 매트릭스를 추적하고 분석하라.
- A/B 테스트를 시행하여 여러 메시지 전달 전략의 성과를 비교해보라.
- 고객 설문조사, 인터뷰, 리뷰를 활용하여 메시지 마케팅 관련 심도 있는 인사이트를 수집하라.
- 우리 기업의 마케팅 성과를 업계 벤치마크 및 자사 과거 마케팅 캠페인 성과와 비교해보라.

기술의 진보는 다양한 잠재 고객과 만나는 당신의 능력을 향상시키고 큰 성공을 이루는 힘이 될 것이다. 훌륭한 마케팅 메시지를 전달하는 힘에는 큰 책임도 따르기 마련이니 현명하게 사용하길 바란다.

MARKETING

THE MOST
ADVANCED MATERIAL
MADE IN...

THE MOST
ADVANCED MATERIAL
MADE IN...

THE MOST
ADVANCED MATERIAL
MADE IN...

THE MOST
ADVANCED MATERIAL
MADE IN...

THE MOST
ADVANCED MATERIAL
MADE IN...

THE MOST
ADVANCED MATERIAL
MADE IN...

# PART 3

# 소셜
# 미디어로
# 생각하라

# 14장

## + 소셜 미디어 마케팅 전략 +

# 소셜 미디어는
# 이미
# 포화상태다

### 카미 후이제
#### Kami Huyse

카미 후이제는 소셜 미디어 전략가이자 강연가, 커뮤니티 빌더, 코치 그리고 작가로 활동하고 있다. PR, 마케팅, 비즈니스 컨설턴트와 코치들의 온라인 커뮤니티 '스마트 소셜 시크릿(Smart Social Secrets)' 설립자이자 소셜 미디어 마케팅 에이전시인 ZoeticaMedia의 CEO이기도 하다.

🌐 KamiHuyse.com

1994년, 조지 메이슨 대학 학생 신문 「브로드사이드Broadside」의 텅 빈 사무실, 작은 컴퓨터 화면에 '쿼드Quad에서 만나!'라는 메시지가 떴다. 이는 인터넷 릴레이 챗IRC, Internet Relay Chat으로 온 것이었고 얼마 지나지 않아 IRC는 학생들의 필수 소통 수단이 되었다.

전 세계 인구의 59.3%가 주기적으로 소셜 미디어를 사용하는 세상이다.[22] 소셜 미디어에서 브랜드를 구축할 때, 여러분이 반드시 염두에 두어야 하는 세 가지가 있다.

첫째, 소셜 미디어는 이미 포화상태다. 우리 기업이 관리하는 소셜 미디어 플랫폼이 인기가 없다면 우리는 더이상 그곳에 있을 필요가 없다. 반면 인기 있는 소셜 미디어 플랫폼에서 살아남기란 쉽지 않다는 것 또한 잊지 마라. 두 번째, 소셜 미디어 플랫폼은 언제든 정책을 바꿀 수 있다. 사생활 침해에 관한 정부와 사용자들의 우려로 새로운 법규나 규제가 생길 가능성이 있다. 세 번째, 끊임없이 변화하는 트렌드에 주의해야 한다. 새로운 기능과 트렌드는 우리에게 더 빠른 속도로 새로운 기술을 개발하길 원한다. 다음의 10가지 소셜 미디어 전략을 당신의 브랜드에 적용해보자.

## 1. 소셜 미디어 채널은 다양할수록 좋다

오늘날의 콘텐츠는 스토리가 필요하다. 거기에 동영상으로 이야기를 보완하면 더 좋다. 이때 우리 브랜드가 어떤 플랫폼에서 어떤 반응을 얻게 될지 모르기 때문에 처음에는 여러 소셜 미디어 플랫폼에 업로드해야 한다. 또한 여러 채널을 갖고 있는 것은 어느 한 채널에라도 문제가 생겼을 때, 빠르게 플랫폼을 바꿀 수 있는 보험이 된다. 콘텐츠 하나를 만든 다음, 여러 유형의 콘텐츠로 바꾸어 각 채널에 활용하자.

## 2. 커뮤니티는 고객 충성도를 높인다

기업은 고객을 유지하는 일이 그 어느 때 보다도 중요해졌다. 한 연구에 따르면 64%의 사람이 소통하는 브랜드를 원했고, 91%는 사람과 사람을 연결하는 소셜 미디어의 힘을 믿고 있다고 했다.[23]

커뮤니티는 브랜드의 정체성을 반영하며 동시에 중도적 입장을 갖추고 있어 고객 충성도를 이끌어내는 탁월한 수단이다. 미국 통신사 버라이즌의 커뮤니티 '스몰 비즈니스 디지털 레디Small Business Digital Ready'는 콘텐츠 관리 시스템과 메시지 전달 채널 모두에 기반을 두고 전문가 개발, 네트워킹, 펀딩을 통해 100만 개의 소규모 사업체를 지원하고 있다. 소셜 미디어의 기본 기능 중 커뮤니티 기능을 활용하거나 별도의 소프트웨어나 앱을 사용해서 커뮤니티를 생성하라.

### 3. 우리는 어떤 소셜 미디어 커뮤니티에 맞을까?

다니엘 밀러<sub>Daniel Miller</sub>는 저서 『디지털 인류학<sub>Digital Anthropology</sub>』에서 오늘날은 결국 두 개의 소셜 커뮤니티 문화로 요약할 수 있다고 말했다. 하나는 '브랜드', 다른 하나는 '고객'이다. 전자의 경우 브랜드는 커뮤니티 플랫폼을 제공하고 상호 교류를 주도한다. 후자의 경우 기존 커뮤니티에 브랜드가 합류하는 형태로, 해결책을 브랜드가 제공하게 된다. 어느 정도 조사는 필요로 하겠지만, 커뮤니티의 니즈와 브랜드가 지닌 서비스를 연구해 우리 기업에 가장 잘 맞는 선택을 하라.

### 4. 고객은 우리의 주인공이다

고객과 브랜드의 연결은 공감과 몰입으로부터 시작한다. 실제로 사람들은 자기 이름이 불리는 걸 즐긴다. 기업은 스토리텔링과 개인 맞춤화의 적절한 조합을 찾아야 한다.

　기술은 소셜 미디어의 개인 맞춤화 트렌드를 의식하며 발전한다. 이제는 마음만 먹으면 누군가를 위해 신속하게 오디오나 영상을 제작해서 메인 피드에 올리거나 DM을 보낸다. 전용 앱도 있지만 대부분의 소셜 미디어 플랫폼에서 바로도 가능하다. 타 브랜드와 차별화할 수 있으면서도 고객 관계 형성을 위해 활용할 수 있는 좋은 방법이다.

## 5. 똑똑한 미디어가 살아남는다

사물에 정보통신기술을 융합한 사물 인터넷IoT, Internet of Things은 냉장고를 말하게 한다. 다른 사물도 우리와 직접 소통하기까지가 머지 않았다. 이런 현상이 소셜 미디어에 어떤 영향을 미칠지 아직 100% 확실하진 않지만 빠르게 진행되는 트렌드인 것은 확실하다. 또한 메타버스 플랫폼 역시 헤드셋을 착용하는 것만으로 접속할 수 있다. 많은 개발자가 온라인 공간과 협업한 경험을 만들어 내고 있다. 이토록 많은 사람이 이미 게임 관련 커뮤니티에 참여하고 있다는 사실을 고려하면 이런 새로운 온라인 공간은 예상보다 훨씬 빠르게 우리 삶에 사용될 것이다.

## 6. AI, 인공지능의 도움을 받아라

우리는 고객의 관심을 일으키고 동시에 고객이 떠나지 않도록 하기 위해 콘텐츠를 꾸준히 만들어야 한다. 점점 똑똑해지는 AI를 바탕으로 하는 여러 앱을 활용한다면 콘텐츠 제작이라는 무거운 짐을 더는 데 조금은 도움이 될 수 있다. 별도의 주문 제작 없이 기존 도구를 사용해도 글쓰기, 그래픽 만들기, 동영상 편집하기, 심지어는 코딩까지 가능하다. 이메일을 보낼 때 쓰이는 문장 자동 완성 기능도 AI를 바탕으로 개선되고 있다. 마침내 AI는 평소에 우리가 주로 사용하는 문구를 파악해 점점 더 당신과 같은 어투와 표현을 사용하게 될 것이다.

## 7. 자동 메시지를 활용하라

소셜 미디어를 활용하는 우리의 가장 큰 목표는 다양한 고객과의 직접 소통이다. 그리고 이를 실현할 앱이 점점 더 많이 개발되고 있다. 자동화 앱은 소셜 미디어 게시물 중 하나에 고객이 댓글을 남기면 누가 봐도 진짜 사람이 쓴 것 같아 보이는 자동 메시지를 전송한다. 점점 더 발전하는 놀라운 자동화는 엄청난 지출 없이도 더 정교한 마케팅 프로그램을 구축할 수 있다.

## 8. 자연스러운 광고로 시작하라

소셜 미디어 속 광고는 사람들에게 다가갈 수 있는 창이 되지만 과하면 안 하는 것만 못하다. 광고지만 일반적인 콘텐츠처럼 보인다면 더 좋다. 광고는 잘 사용하면 빠른 성장을 가져오는데 이때 우리 제품이나 서비스가 반드시 훌륭해야만 한다. 그렇지 않으면 고객을 농락하는 것밖에 안 된다. 콘텐츠에 자연스럽게 광고를 싣는 것으로부터 시작하라. 우리 동영상 콘텐츠를 봤거나 콘텐츠에 참여한 적이 있는 사람을 목표로 삼아 광고를 노출하는 것을 추천한다.

## 9. 신뢰를 바탕으로 광고하라

허위 정보가 만연하는 세상에서 사람들은 소셜 미디어 광고를 경계하기 마련이다. 에델만 신뢰도 지표 조사Edelman Trust Barometer에 따르면 소셜 미디어에 보이는 광고 피드를 믿는 사람은 조사 참가자의

38%에 지나지 않았다.[24] 하지만 출처가 신뢰할 수 있는 기업이라면 신뢰도는 54%, 기업의 직원이 출처인 정보의 경우 65%까지 신뢰도가 상승했다. 하나의 팁이라면 경험상 소셜 미디어 피드에 스토리가 더해졌을 때 고객과의 신뢰 형성에 도움이 된다. 스토리를 모으고 공유하는 일에 초점을 맞추어 더 많은 신뢰 지표와 사회적 증거를 만들어라.

## 10. 소셜 미디어 속 강한 연결고리를 만들자

누군가 당신을 팔로우하거나 게시물에 '좋아요'를 눌렀다고 해서 실제로 그 사람이 우리 브랜드에 관심이 있는 것은 아니다. 사실 소셜 미디어란 낯선 사람을 잠재 고객으로 만드는 수단이다. 고객이 당신과 끈끈한 정서적 유대를 가질 때 고객은 비로소 적극적인 행동(구매)에 나서게 된다.

나는 휴스턴에서 정기적으로 소셜 미디어 아침 행사를 열고 있다. 행사에 참석하는 이들 다수는 내가 전혀 모르는 낯선 사람들, 즉 소셜 미디어에서 새로 연결된 사람들이다. 하지만 그들을 커뮤니티에 참여하게 하면서 협업, 파트너십, 기금 모금 등 다양한 기회를 만들 수 있었다. 재미있는 사실 하나는 마크 W. 셰퍼와의 첫 만남도 소셜 미디어였다는 것이다. 그리고 지금 이렇게 그의 책에 들어갈 한 장을 작성하고 있다. 얼마나 놀라운 일인가!

# 15장

# 페이스북

# 페이스북을
# 위해

## 맨디 에드워즈
### Mandy Edwards

맨디 에드워즈는 조지아주 스테이츠보로(States-boro)에 위치한 디지털 마케팅 기업, 'ME 마케팅 서비스(ME Marketing Services)'를 운영한다. 아내이자 엄마, 그리고 20년 이상의 경력을 지닌 마케팅 전문가인 그는 기업이 온라인상에서 자리 잡을 수 있도록 돕는 일에 애정을 느낀다.

 memarketingservices.com

페이스북은 우리 삶의 일부다. 오랫동안 페이스북은 가장 많이 논의되고 논란의 중심이 되었던 소셜 미디어 플랫폼 중 하나였다. 하지만 그런 문제들이 월평균 30억의 페이스북 사용자가[25] 매일 같이 페이스북에 로그인하는 걸 막을 순 없었다. 메타Meta 소유의 소셜 미디어, 페이스북은 2억 개 이상의 사업체가[26] 디지털 마케팅을 위해 선택하는 소셜 네트워크 플랫폼이다. 사실 페이스북은 자체 알고리즘, 콘텐츠 조정, 목표 고객 선정 방식으로 인해 수년간 비난받아 왔다. 이 모든 비난 요소에도 불구하고, 페이스북은 여전히 소셜 미디어 마케팅을 추구하는 기업이라면 반드시 찾아야 하는 채널로 자리 잡았다.

당신이 소셜 미디어 마케팅 초보이든 아니든 모든 기업에서 반드시 알아야 할 페이스북 마케팅의 10가지 진실과 팁을 소개하겠다.

## 1. 원래 모습 그대로를 보여줘라

우리를 팔로우하고 있는 사람일지라도 우리 콘텐츠를 보는 비율은 약 8.6% 정도다. 그리고 그들이 우리 콘텐츠에 참여하는 비율은 겨우 1.4%다.[27] 그렇다면 우리 콘텐츠가 사람들에게 자연스럽게 노출되려면 어떻게 해야 할까? 목표 고객이 관심 가질만한 진정성 있는 콘텐츠를 업로드하자. 질문을 던지거나 정보를 전달하고 가끔 유머러스한 게시물로 주제에서 벗어나도 괜찮다. 하지만 그 무엇을 업로드하든 우리 기업의 목소리와 톤을 반영하는 게 좋다.

## 2. 고객은 누구이며 무엇을 좋아할까?

페이스북 마케팅을 시작하기 전에 당신이 다가가고자 하는 대상이 누구인지 이해해야 한다. 페이스북은 의미 있으면서도 유용한 콘텐츠로 사용자의 관심 유발을 원한다. 예를 들어, 당신이 소아청소년과 병원을 운영하고 있고 지금 감기가 유행한다면 건강 유지 팁, 아픈 아이가 언제 다시 등교할 수 있는지 확인하는 법에 대한 시기적절한 게시물을 업로드하면 좋다.

## 3. 적극적으로 나서서 대화하라

페이스북 마케팅은 일방적인 대화가 아니다. 게시물만 올려놓고 사람들이 참여하길 기다리기만 해서는 안 된다. 대화를 시작할 수 있는 콘텐츠를 올린 다음(2번 팁을 참고하라) 사람들이 생각을 남기면 반응하라. 클라우드 컴퓨팅 기반 기업 신치Sinch에서 발표한 보고서에 따르면 연구 참가자 중 89%가 소셜 미디어상에서 기업과 쌍방향 대화를 시작하고 회신을 주고받고 싶다고 했다. 하지만 이중 53%는 기업이 자신의 니즈를 무시한다고 생각했다.[28] 기업의 무반응은 팬이나 고객을 잃는 지름길이다.

## 4. 짧은 동영상이 먹힌다

페이스북 자체 데이터에 따르면 사람들이 페이스북과 인스타그램에서 보내는 시간의 절반은 동영상을 보는 데 사용된다. 이런 트렌드에 따라 릴스는 가장 빠른 속도로 성장하는 콘텐츠 포맷이 되었다.[29]

틱톡에 대한 대항마로 메타에서 출시한 릴스는 인스타그램에서 찾아볼 수 있는 숏폼 형태의 동영상이다. 동영상에 등장하는 걸 극도로 싫어한다면 과감하게 정면돌파하라. 나이키 광고에서 말했듯, 저스트 두 잇! 그냥 해버려라. 꾸미지 않은 날 것의 동영상은 당신의 진짜 모습을 보여주면서 우리 기업에 인간미를 더해줄 것이다(진정성에 대한 1번 팁을 참고하라). 짧은 동영상으로 사무실을 구경시켜 주거나, 직원에게 질문을 던지거나, 제품 시연 장면을 소개할 수 있다. 콘텐츠 아이디어는 무궁무진하다. 재미있는 음악과 효과음도 활용하라(보너스 팁: 페이스북이나 인스타그램에서 만든 릴스를 다운로드해서 다른 소셜 미디어 채널에 업로드할 수도 있다).

## 5. 상태 업데이트는 기본이다

무슨 생각을 하고 계신가요?

페이스북 상태 업데이트 칸에 있는 말이다. 페이스북에서도 동영상과 릴스가 강조되고 있지만 페이스북의 기본인 상태 업데이트를 잊지 말자. 모든 계정이 사진과 동영상 업로드에 바쁜 와중에 꾸밈없이 솔직한 상태 업데이트는 뉴스피드에서 단연 돋보인다. 소셜 미디어 관리 플랫폼 훗스위트Hootsuite의 2022년 글로벌 디지털 현황Global State of Digital 2022 보고서에 따르면, 놀랍게도 페이스북에서 상태 업데이트가 0.13%로 가장 높은 참여율을 보이는 것으로 조사되었다. 그다음 사진이 0.11%, 동영상은 0.08%의 참여율을 기록했다.[30]

## 6. 우리에게는 직원이 있다

직원은 콘텐츠를 공유할 수 있는 훌륭한 전달 수단이다. 직원이 당신의 페이스북 콘텐츠를 공유하면 새로운 고객층에 노출될 것이다. 그리고 콘텐츠 공유를 게임화해서 직원들 사이에 콘텐츠 공유 참여도 시합을 벌여라. 직원은 즐겁고 기업은 이득을 챙길 수 있다.

## 7. 페이스북 광고에 도전하자

페이스북 광고는 2007년 처음 도입된 이래 시간의 흐름에 따라 꾸준히 발전해 왔다. 또한 많은 예산이 필요하지 않은 전략이기에 도전할 만하다. 한 달에 100달러도 안 되는 돈을 페이스북 광고에 들이고 큰 성과를 낼 수 있다.

페이스북 광고를 진행하는 기업은 전 세계적으로 3백만 개에 이른다.[31] 그에 따라 페이스북 광고를 다루는 책도 엄청나게 많다. 각 기업에서 선택할 수 있는 광고의 목적, 유형, 타겟팅, 광고 배치 등은 매우 다양하다(관건은 제대로 된 타겟팅과 광고 콘텐츠다). 훌륭한 페이스북 광고 계획에는 광고 게재의 이유, 광고 목표 대상 그리고 우리 기업에 맞는 가장 효과적인 광고 유형이 무엇인지 파악해야 한다.

## 8. 더 깊은 관계 형성을 위해 그룹을 활용하자

페이스북은 '그룹Groups'의 기능에 대해 강조해왔다. 실제 매달 18억 명이 페이스북의 그룹 기능으로 대화에 참여하고, 배움을 얻고, 독점 정보를 얻는다.[32] 평균적으로 페이스북에서 활발하게 활동하는 사람 한 명당 다섯 개의 그룹에 속해있다고 한다. 예를 들어 영양학자와 영양사는 서로 조리법을 공유하는 페이스북 그룹을 만들어 사용한다. 그룹 기능은 당신의 팬이 누군지 알 수 있는 훌륭한 방법이며 진정성 있고(1번 팁 참고) 의미 있는(2번 팁 참고) 콘텐츠를 제작하는 데 도움이 된다. 브랜드 마케팅은 정서적 유대 형성이 관건이다. 그런 면에서 페이스북 그룹 기능은 강력한 기회임과 동시에 많은 기업에서 간과하고 있는 부분이기도 하다.

## 9. 사용할 수 있는 권리가 있는가?

당신이 사용할 권리가 있다고 확신하는 콘텐츠만 사용하라. 2021년 페이스북은 저작권, 상표 혹은 위조 신고 문제로 약 5백만 개의 콘텐츠를 삭제했다.[33] 불법 콘텐츠를 업로드했던 많은 계정이 이용 정지 혹은 탈퇴 처리되었다. 자신만의 동영상, 사진이나 이미지를 사용하는 것이 최상의 방법이다. 확실하지 않은 게시물은 단 한 개라도 뜨거운 법적 논란에 휘말리게 할 수 있다.

## 10. 모든 옵션을 실험하라

우리가 알고 있는 페이스북은 빙산의 일각에 불과하다. 스토리, 릴스는 기본이고 페이스북 라이브, 메신저 등은 일반인에게도 잘 알려진 페이스북의 기능이다. 더 나아가 기업에서 사용할 수 있는 콘텐츠 옵션과 기회는 무궁무진하다. 메타의 고객 분석 도구인 픽셀, 메타버스와 함께 주목받고 있는 VR기기 퀘스트, 맞춤형 광고 서비스 오디언스 네트워크 같은 다양한 방법을 통해 더 심도 있는 옵션을 활용할 수 있다. 페이스북과 메타에서 제공하는 모든 기능에 대해 알아보고 우리 기업에 무엇이 가장 효과적일지 생각해보라.

# 16장

## 링크드인

# 링크드인의
# 알고리즘을
# 해킹하라

### 리처드 블리스
#### Richard Bliss

리처드 블리스는 실리콘 밸리의 세일즈 컨설팅 회사인 블리스포인트(BlissPoint)의 설립자로, 『디지털 퍼스트 리더십(Digital-First Leadership)』 등 세권의 책을 내기도 했다.

 www.blisspointconsult.com

"왜 은행을 털었습니까?"

"거기가 돈이 있는 곳이니까요."

– 윌리 서튼 (Willie Sutton)

왜 링크드인에서 제품을 판매하는지 묻는다면, 나는 미국의 악명 높은 은행 강도 윌리 서튼과 같은 대답을 하겠다. 링크드인은 다른 소셜 미디어와 다르다. 바로 돈이 있는 곳이기 때문이다! 페이스북, 유튜브, 트위터, 인스타그램, 틱톡은 주로 광고로 돈을 번다. 하지만 링크드인의 수익 중 광고에서 나오는 수익은 20%밖에 되지 않는다. 나머지 80%는 링크드인에서 제공하는 세 가지 주요 도구를 사용하기 위해 고객이 내는 요금에서 발생한다. 바로 링크드인 프리미엄LinkedIn Premium 구독 서비스, 잠재 고객을 용이하게 검색할 수 있는 세일즈 내비게이터Sales Navigator, 그리고 구인, 구직 솔루션인 링크드인 리크루터LinkedIn Recruiter다. 링크드인을 사용해서 여러분의 브랜드와 비즈니스 성장을 가속하는 10가지 놀라운 팁과 인사이트를 소개한다.

## 1. 링크드인은 '댓글'을 사랑한다

링크드인에 게시물을 업로드한다고 해서 그 내용이 모든 이들에게 보이는 것은 아니다. 사실 연결된 사람의 절반도 보지 못한다. 왜? 링크드인은 당신이 보유한 인맥의 활동을 기반으로 당신 콘텐츠의 가치를 결정한다. 더 넓은 고객층과 나눌 가치가 있는 콘텐츠인지 결정하기 위해 전체 연결 대상 중 소수로부터 먼저 어떤 반응이 나오는지 보는 것이다. 링크드인은 당신이 업로드한 그 콘텐츠가 소수의 테스트 그룹과 어떻게 연결되는지 지켜보기 시작한다. 무엇보다도 링크드인은 '댓글' 참여 방식을 사랑한다. 링크드인의 전략은 대화를 유도하는 콘텐츠를 확장해 나가는 것이다. 당신의 게시물에 달리는 댓글의 개수와 퀄리티가 고객과 대화의 가치를 측정한다.

## 2. 골든타임을 사수하라

링크드인의 성공 골든타임은 게시물 업로드 후 60~90분이다. 누군가가 관심을 보이고 게시물에 댓글을 달기 시작하면 링크드인 알고리즘은 이 활동을 인지한다. 댓글이 최초 업로드를 기준으로 1시간 이내에 충분히 달리면 링크드인은 그 게시물을 더 규모가 큰 그룹이 볼 수 있도록 배치한다. 앞으로 24시간 동안 최소 1천 명의 사람들에게 노출되는 것이다. 콘텐츠 도달 범위를 확대하려면 게시물에 달린 댓글에 장문의 답을 남겨라. 기억하라, 여러분은 지금 대화를 만들어 가는 중이다.

마케팅 천재들의 비밀노트 350

### 3. 링크드인은 '링크'를 미워한다

블로그 게시물이나 동영상 등 외부 콘텐츠로 연결되는 링크를 포함하는 게시물은 흔하다. 하지만 링크드인에서는 쓰지 않는 게 좋다. 링크드인 알고리즘이 당신의 게시물 내 링크를 감지하면 테스트 그룹의 범위를 50%로 줄여버린다. 왜냐하면 당신이 링크드인 플랫폼 밖으로 사람들을 내보내려고 하고 있기 때문이다. 그럼에도 불구하고 당신이 정 링크를 넣어야겠다면 쓸 수 있는 팁이 있다.

- 링크가 필요하지 않도록 콘텐츠를 조정하라. 예를 들어, 블로그 게시물 전체를 하나의 스토리로 올려라.
- 댓글에 링크를 추가하라. 당신의 게시물을 누군가 공유하는 경우 댓글은 따라가지 않기 때문에 링크는 공유되지 않는다.
- 링크 없이 게시물을 올리고 나중에 그 게시물이 인기를 얻고 나면 바로 편집해서 링크를 다시 집어넣어라.

### 4. 개인 페이지를 이용하자

링크드인에는 기업 페이지와 개인 페이지를 설정하는 옵션이 있다. 하지만 링크드인 알고리즘은 두 페이지를 같은 시각으로 보지 않는다. 기업 콘텐츠를 더 넓은 고객층에 도달하게 하는 팁은 링크드인 기업 페이지가 아닌 개인 페이지에 게시하는 방법이다. 그다음 회사에서 해당 페이지에 댓글을 달고 그 게시물을 기업 페이지에 공유하

라. 이 방법으로 콘텐츠 조회수가 500%에서 1,000%까지 증가하는 경우도 있다.

## 5. 열심히 공유하라

게시물을 효과적으로 공유하고 싶다면 다음을 참고해라.

- 원래 게시물을 공유하면서 50~100자 정도의 내용을 추가한다.
- 원래 게시물에 있는 것과 다른 해시태그를 3~5개 정도 추가한다.
- 당신이 추가한 내용에 @를 써서 당신이 공유하고 있는 콘텐츠의 작성자 혹은 작성 기업을 태그한다.
- 공유한 콘텐츠의 원래 주인이 당신의 게시물에 최초 1시간 이내에 댓글을 달도록 유인한다.

이 가이드라인에 따라 콘텐츠를 공유하면 공유한 게시물이 도달하는 범위는 원래 게시물의 300% 이상이 될 확률이 높다.

## 6. 하루에 한 번 업로드하라

자주 업로드하라는 의미가 아니다. 적당히 업로드해야 한다. 콘텐츠 업로드 간격이 너무 빠르면 링크드인은 사람들이 그 게시물을 보지 못하게 한다. 개인 페이지 게시물의 경우 게시물 업로드 간격이 18시간 이내일 경우 도달 범위가 제한된다. 또 내 게시물이 많은 고객 참여와 노출을 끌어내고 있다면 다음 업로드 전까지 기다리는 것도 방법이다. 좋은 반응을 얻어낸 첫 번째 게시물에 탄력이 붙을 시간을 기다리는 것이다. 그렇게 훨씬 넓은 범위의 고객층에게 도달할 수 있다. 이것도 팔로워가 적은 페이지에는 통하지 않는다. 볼 사람이 없기 때문이다.

## 7. 링크드인에서 동영상은 주인공이 아니다

동영상이 틱톡과 인스타그램에서는 최고일 수 있지만 오히려 링크드인에서는 최악의 콘텐츠가 될 수 있다. 링크드인이 동영상 자체를 싫어한다는 건 아니다. 바로 테스트 그룹은 동영상에 거의 댓글을 달지 않기 때문이다. 다시 말해 동영상은 콘텐츠로 고객과의 대화를 형성하지 못한다. 그리고 이것은 링크드인이 당신의 콘텐츠를 흥미롭지 않다고 생각하는 이유가 된다. 고객에게 도달하고 참여를 끌어내는 데 있어 가장 성공적인 유형의 콘텐츠는 의외로 텍스트만 있는 게시물 혹은 자기가 직접 찍은 이미지 한 장만 있는 텍스트 게시물이될 수 있다. 인터넷에서 찾은 지루하고 흔한 이미지는 가장 성과 내기가 어렵다.

## 8. 나의 가치는 내가 올린다

링크드인에서 콘텐츠 도달 범위를 늘리고 싶으면 다른 사람들의 대화에 꾸준히 유용한 댓글을 달아야 한다. 통찰력 있는 긴 댓글을 남김으로써 당신은 링크드인 레이더망에 감지될 가능성이 올라간다. 의미 있는 댓글을 하루에 두어 개만 올려도 단 일주일 사이에 당신의 프로필을 조회한 사람의 수가 두세 배는 늘어날 수 있다.

## 9. 탄탄한 프로필을 만들어라

더 많은 고객의 관심을 얻을수록 당신의 프로필 페이지를 조회하는 사람도 늘어나게 되므로, 프로필 페이지에 효과적인 스토리를 담아 두는 일이 중요하다.

- **배너 이미지** : 자신과 브랜드를 시각적으로 표현해야 하며 텍스트는 많지 않은 것이 좋다. 특히 작은 폰트의 텍스트도 지양하라.
- **프로필 사진** : 환한 조명 아래서 얼굴을 가까이서 촬영하라. 쇄골 위까지 자른 상반신 사진으로 코가 정중앙에 위치하게 해라.
- **헤드라인** : B2B 영업담당자가 볼 수 있도록 헤드라인에 당신의 직급과 회사명을 기재하라. 당신이 어떤 사람인지 한눈에 알아볼 수 있도록 하라. 1인 기업의 경우, 너무 많은 키워드를 사용하지 마라. 자신이 하는 일, 잠재 고객에게 전할 수 있는 가치를 하나의 짧은 문장으로 표현하라.
- **프로필** : 채용 담당자가 아닌 고객층을 마음에 두고 프로필을 작성해라.

## 10. 고객에게 나의 가치를 소개한다면?

링크드인의 '소개About' 섹션은 당신의 이야기를 고객, 잠재 고객 등 기회의 문을 열 준비가 된 이들에게 들려줄 훌륭한 기회다. 효과적인 소개 작성 팁을 몇 가지 공유한다.

- 이력서나 자기소개서가 아니다. 당신의 경험이 향후 당신과의 비즈니스를 기대하고 있는 이들에게 어떤 가치를 제공할 수 있을까? 과거 당신의 경험을 기반으로 현재 당신이 창출할 수 있는 가치에 관해 이야기하라.
- 20년 넘게 이 일을 하고 있다는 표현은 지양하라. 지금, 현재! 당신이 고객과 어떤 관련이 있는가?
- 반드시 세 줄 이상 써라. 첫 세 줄 다음에 이어질 내용이 궁금해진 사람들은 '더 보기' 버튼을 클릭해서 다음 내용을 읽는다. 사람들에게 더 읽고 싶은 이야기를 제공하라. 소개 섹션은 적어도 여러 문단으로 구성될 정도의 길이는 되어야 한다.
- 당신이 왜 그들에게 가치 있는지 설명하는 공간으로 소개 섹션을 활용하라. 당신은 그들의 어떤 문제를 해결하는가? 그 문제를 해결하는 당신만의 고유한 방법은 무엇인가?

앞서 소개한 인사이트와 팁은 노출가능성, 고객 친밀감 상승, 프로필 조회수를 끌어올리는 효과가 입증된 방법이다. 그리고 이것은 우리 비즈니스 성장에 속도를 더할 수 있을 것이다.

# 17장

## 틱톡

# 톡톡 튀는 아이디어를 자랑하라

### 조앤 테일러
#### Joanne Taylor

조앤 테일러는 스리랑카에 살고 있는 작가이자 에디터다. 그녀는 마케팅뿐만 아니라 장르 소설과 세계 신화가 교차하는 접점에도 관심이 있으며, 만물은 소통과 훌륭한 스토리로 귀결된다고 믿는다. 링크드인에서 JoanneAjatar를 검색하면 그녀와 대화할 수 있다.

🌐 ajatarbooks.com

틱톡은 빠른 속도로 성장하고 있다. 논란이 없는 건 아니지만 젠지세대와 그 이상의 본거지로 자리 잡게 되었다. 틱톡 문화 자체는 혼란스러워 보일 수 있지만, 틱톡에서 성공하기란 생각보다 쉬울지도 모른다.

틱톡은 새로운 고객층과 연결될 수 있다. 틱톡 플랫폼의 추천 알고리즘은 팔로우 여부와 관계없이 적절한 콘텐츠를 연결해준다. 약간 섬뜩할 정도다. 숏폼 동영상이라는 트렌드가 꾸준히 유지되는 지금이야말로 틱톡의 매력에 빠져들기 완벽한 타이밍이다. 혹시나 대규모 팀이나 예산이 있어야 한다는 걱정은 버려라. 틱톡은 유독 친밀감이 중요하고 또 빠르게 변화한다. 그래서 공감대를 형성할 수 있는 비즈니스가 무조건 우세하다. 다음의 10가지 팁을 통해 틱톡에서 효과적으로 성과를 내는 비즈니스가 될 가능성을 최대한으로 끌어올려라.

## 1. 틱톡의 가장 큰 가치는 솔직함과 진정성이다

틱톡은 고객의 참여를 유도한다. 다시 말해 틱톡은 인간 대 인간으로 연결된다는 느낌을 추구한다. 당신은 인간미 있는 방법으로 짧으면서도 진정성 있는, 하지만 지나치게 완벽하지 않은 영상을 표현하면 된다. 혹시 카메라에 모습을 드러내기가 꺼려진다면 당신이 왜 지금 이 일을 하고 있는지 스스로 상기해보라. 동기 부여된 상태를 꾸준히 유지하기 위해 마음속에 실재적인 목표를 하나 정하라. 예를 들어 이메일을 보낼 고객 리스트를 만든다든지, 우리 브랜드에 대한 인지도 상승이 목표가 될 수 있다. 진정성 있는 자기 모습을 보여주되 당신의 비즈니스와도 관련된 방법으로 표현하라. 당신의 열정적인 아이디어를 보여주면 고객은 이를 알아차릴 것이다. 겨우 15초짜리 짧은 영상이라 하더라도 에너지와 열정을 쏟아라!

## 2. 개인 계정과 비즈니스 계정의 차이를 확인하자

개인 계정과 비즈니스 계정은 각각의 특징이 있다. 비즈니스 계정은 광고를 활용하고 소셜 미디어 관리를 제삼자 기업에 외주를 주거나 브랜드를 위해 크리에이터를 고용할 의향이 있을 때 선택하라. 그렇지 않다면 개인 계정으로 먼저 시작하라(추후 개인 계정에서 비즈니스 계정으로 쉽게 전환할 수 있다). 개인 계정은 뮤직 라이브러리 전체에 대한 접근 권한이 있으나 비즈니스 계정은 상업적 사용이 허용된 음악과 효과음 라이브러리에만 접근할 수 있다.

## 3. 틱톡은 이미 문화다

틱톡에서 잠복하며 관찰하고 키워드 검색 결과를 샅샅이 살피며 틱톡 문화를 느껴보라. 그러면서 당신은 틱톡의 규칙, 가치, 언어에 익숙해질 것이다. 틱톡 콘텐츠는 자칫 단순해 보일 수 있지만 다른 콘텐츠 제작과 마찬가지로 시간과 집중력이 필요하다. 틱톡 콘텐츠 제작에 지나치게 오래 걸리거나 익숙하지 않다면, 회사 내에 당신을 도와줄 수 있는 틱톡 마스터를 찾아라. 이미 틱톡의 문화에 몰입해 있는 그들이 주도하도록 하라.

## 4. 틱톡 스타일로 홍보하라

고도로 정제되고 전문적인 영상은 필요하지 않다. 오직 스마트폰이면 충분하다. 9:16 비율의 수직 화면으로 촬영하고 동영상 해상도는 720p 이상이면 된다. 녹화할 때마다 카메라 렌즈를 닦는 걸 잊지 말고, 마치 상대와 눈을 맞추듯 카메라를 쳐다봐라.

흔한 실수 한 가지는 지나치게 긴 동영상을 만드는 것이다. 동영상 길이는 15~30초 정도면 충분하고 팔로워가 늘어나면 조금 더 길게 업로드하라. 그리고 틱톡은 '소리를 켜고 듣는' 채널이라는 사실을 명심하라. 그래서 틱톡에서는 동영상의 오디오 품질과 적절한 음악 선택이 무엇보다 중요하다. 처음 몇 초는 사람들의 흥미를 불러일으킬 수 있는 훅hook으로 시작하라. 질문을 던지거나 흥미로운 이야기로 시작해보라. 시각적 흥미를 끌기 위한 소도구와 화면 배경도 고려하면 좋다. 반복, 밈 문화가 바탕이 되는 틱톡 특성상 무조건 독창적이어야 할 필요는 없다. 인간적이고 개인적이며 자연스러운 모습을 보여라.

## 5. 당신은 가치 있는 틱톡커인가?

틱톡 사용자는 너무 티나는 마케팅성 콘텐츠를 경계한다. 고객을 얻기 위해서는 당신 스스로 가치 있다는 사실을 입증해야 한다. 그 가치가 즐거움이든, 교육적 정보이든, 영감이든 혹은 그냥 우스꽝스러운 존재이든 관계없다.

틱톡 동영상의 처음 몇 초에 등장할 훅의 일부로 헤드라인 텍스트를 추가해보자. 흥미를 끌거나, 놀랍거나 혹은 당신의 고객과 특히 연관 있는 뭔가를 시도하여 사람들의 관심을 얻어라. 자동 자막 기능을 켜고 커버 이미지에 텍스트를 추가하는 것도 잊지 마라. 비슷한 방법으로 콘텐츠 상세 설명을 작성할 때 고객이 참여할 수 있는 질문을 추가하고 해시태그를 달아라. 해시태그는 광범위하면서도 연관성 있으면서 우리 비즈니스에 꼭 맞는 걸 택하라. 사람들은 과연 어떤 해시태그로 당신을 만날까?

## 6. 창의적으로 재사용하자

잘 만든 콘텐츠일수록 여러 채널에 동일한 콘텐츠를 사용하고 싶은 유혹을 느낄 수도 있다. 하지만 언제나 중요한 것은 문화적 적합성이다. 틱톡 팬들은 틱톡에 속하지 않는 콘텐츠는 정확하게 집어낸다. 이를 염두에 둔 크리에이터는 다른 플랫폼에서 가져온 콘텐츠에 적절한 창의적 처리 과정을 거쳐 성공적으로 재사용한다. 다른 플랫폼에서 가져온 콘텐츠의 장면, 내용으로 사람들을 웹사이트로 유도하거나 CTA를 기대할 수도 있다. 이때 억지로 콘텐츠를 틱톡에 맞게 끼워 넣기보다는 당신의 틱톡 콘텐츠를 다른 곳에 맞게 조정하는 것이 더 낫다.

## 7. 틱톡은 끊임없이 도전해야 한다

지금 이 시간에도 변화하고 있는 틱톡에 집중하라. 틱톡은 문화를 생성한다. 여러 주제, 스타일, 기능을 시도해서 무엇이 당신의 고객과 틱톡의 콘텐츠 추천 기준에 적합할지 살펴라. 당신이 업로드하는 동영상을 하나의 실험으로 여겨보자. 예를 들어 녹색 화면, 스티커, 음향, 보이스오버를 시도해보라. 모든 시도가 성공적이진 않겠지만 그래도 계속 반복하라. 실패를 발전의 기반으로 삼아라. 실수라고 하더라도 차별화된 당신이 팔로워의 기억에 남았다면 그 실수는 성공한 것이다.

## 8. 트렌드, 챌린지, 커뮤니티에 집중하라

유행을 이끌려면 챌린지를 하라는 말이 있다. 더 광범위한 고객층에 다가가기 위한 중요한 수단이 바로 트렌드와 챌린지다. 꼭 춤을 추거나 노래를 불러야 하는 건 아니다. 어떤 챌린지는 새로운 걸 배우거나 즐거움, 유머를 전파하는 데 초점을 맞추고 있기도 하다.

'커뮤니티톡CommunityToks'이라 불리는 하위 그룹이 틱톡 플랫폼에서 계속 형성되고 있다. 이런 커뮤니티는 해시태그 등으로 공통된 관심사(#BookTok, #PlantTok 등)를 통합하고 관련 구독자가 누구인지 알 수 있는 소스, 풍부한 영감의 소스가 되기도 한다. 이런 틱톡의 트렌드에 편승하면 여러분 역시 새로운 콘텐츠 기회를 발견하게 될 것이다. 틱톡의 엉뚱하고 새로운 커뮤니티에 매번 반응할 필요는 없지만 당신의 비즈니스 콘텐츠에 적절하게 어울리는 문화적 변화, 밈, 유행하는 노래에 관심을 기울여라.

## 9. 팔로워 수보다 팔로워와의 관계가 중요하다

소셜 미디어에서 커뮤니케이션은 당신의 성공을 증폭시키는 주된 방법이다. 특히 틱톡에서는 더욱 그렇다. 사람들이 당신의 게시물에 댓글을 달거나 DM을 보내면 정성껏 답하라. 팔로워 수를 늘리는 것보다 당신의 팬을 만드는 게 중요하다. 계속해서 업로드하다 당신을 둘러싼 커뮤니티가 형성되고 점점 더 많은 사람이 당신을 지지할 것이다.

틱톡에서 동영상을 편집할 때 사람을 태그하는 일은 어렵지 않다. 또한 당신에게 영감을 준 동영상을 밝히거나 유행을 처음 시작한 사람도 언급할 수 있다. 당신의 동영상과 다른 사람의 동영상을 동시에 재생되도록 하는 '듀엣duets'이라는 기능, 다른 누군가의 동영상 클립 마지막에 당신의 반응을 녹화하는 '스티치stitches' 기능은 다른 사람과 협업해 함께 동영상을 만들 기회를 제공한다.

## 10. 틱톡에서 광고하지 마라

틱톡 팔로워는 뻔한 광고가 아니라 자신과 관련 있고 호감 가는 콘텐츠를 원한다. 대부분의 시청자는 보던 동영상이 마음에 들면 그 계정으로 들어가 다른 동영상도 볼 것이다. 오히려 끊임없이 자기를 과도하게 홍보하는 모습은 좋아 보이지 않는다. 그리고 사람들은 그냥 스크롤해서 지나쳐 버릴 것이다.

대놓고 광고 같지 않은 형태의 CTA를 시도하거나 당신에 대한 더 자세한 정보를 제공하라. 회사 내 틱톡 계정을 책임지고 관리할 사람이 없다면 별도의 크리에이터 고용을 마케팅 계획에 추가하는 것도 고려하자. 크리에이터는 '크리에이터 마켓플레이스Creator Marketplace'에서 찾을 수 있다.

# 18장

## 인스타그램

# 오늘을 팔로우하고
# 내일을 태그하라

발렌티나 에스코바르-곤잘레즈
Valentina Escobar-Gonzalez, MBA

발렌티나 에스코바르-곤잘레즈는 '비욘드 인게이지먼트(Beyond Engagement)'를 설립한 이래로 꾸준한 발전을 멈추지 않았다. 그는 소셜 미디어 마케팅을 활용하여 고객과 소통을 원하는 기업체의 성장을 돕는다. 아내이자 두 딸의 엄마이기도 한 그는 지역 커뮤니티에서도 활발하게 활동하고 있다.

🌐 beyond-engagement.com

만약 인스타그램이 없었고 특별한 전략을 활용하지 않았다면 나는 10년 동안 사업을 이어오지 못했을 것이다. 수년간 나는 인스타그램이라는 플랫폼에 관한 전략과 최신 변화에 대한 워크숍을 운영해 오고 있다. 페이스북과 달리 인스타그램에서 여러분은 개인 계정을 통한 연결 없이도 다른 계정 혹은 고객층과 관계를 형성할 수 있다. 내가 좋아하는 작가를 '팔로우'할 수 있고 그들을 나의 '스토리'에 태그할 수 있다. 내가 정말 좋아하는 지역 기업 게시물에 댓글을 달아 그 기업의 레이더망에 포착될 수도 있다. 효과적인 인스타그램 사용은 코로나바이러스 팬데믹 동안 내게 많은 프로젝트와 클라이언트를 주었다. 나는 2020년 이후부터 쭉 인스타그램에서 나의 활동, 고객과의 상호작용에 큰 노력을 기울였다. 내가 사용한 전략 중 몇 가지를 여기서 공유해 보고자 한다.

## 1. 알림은 관계의 게으름을 경계한다

패트릭 헐Patrick Hull은 포브스 기사 「당신의 클라이언트와의 관계에 있어 게을러지지 말라」에서 "기업이 기존 고객에게 판매할 가능성이 60~70%인 반면 신규 잠재 고객에게 판매할 가능성은 겨우 5~20%에 불과하다"라고 말했다.[34] 다른 사람들이 허영 지표를 좇고 있는 동안 우리는 현재 고객, 잠재 고객, 마케팅 리드 계정에 대한 알림을 설정해 두고 그들과의 관계 구축에 힘써야 한다. 고객의 인스타그램 페이지를 방문해서 팔로우 버튼을 클릭한 다음 종 모양 버튼을 클릭하면 알림을 설정할 수 있다.

## 2. 당신만의 고유함을 보여줘라

인스타그램을 시작하기 전에 당신과 비슷한 다른 사람들과 차별화할 수 있는 점이 무엇인지 파악하라. 당신이 가진 배경 혹은 성장배경인가? 아니면 학위인가? 당신의 고유한 시선과 견해? 아니면 당신의 스타일, 취미인가? 또는 특별한 애완동물이 있는가? 콘텐츠를 업로드하고 해시태그나 장소 태그를 하면 새로운 고객층을 만날 가능성이 커진다. 지금 바로 당신의 바이오 페이지에 설명을 추가해서 사람들과 연결하라. 자기 자신에 대해 공개하는 걸 꺼리지 마라. 당신의 고객은 당신의 모습 그대로를 이해하고 좋아할 테지만 그것보다 중요한 건 당신의 고유한 모습은 무엇인지 스스로 파악하고 그 모습을 당신의 콘텐츠에 어떻게 녹일 것일지 생각해야 한다.

## 3. 나를 어떻게 소개할 것인가?

당신의 바이오 페이지는 당신을 대표하는 대표 콘텐츠, 키워드로 채워져 있는가? 추가로 참여하고 있는 커뮤니티의 상세 정보 같은 당신이 열정을 갖는 일로 채우면 너 좋다. 바이오에 어떤 링크를 넣을지도 고심해보자. 인스타그램을 찾은 고객이 당신의 웹사이트를 방문하길 바라는가? 아니면 웹사이트가 아닌 다른 링크로 팔로워들을 데려갈 수 있는 링크트리Linktr.ee 같은 제삼자 옵션을 사용하길 원하는가?

## 4. 똑똑한 마케터, 해시태그

해시태그는 새로운 고객층에 당신을 노출한다. 잠재 고객과 관련된 키워드나 용어를 해시태그로 사용하라. 어떤 해시태그를 쓸지 아이디어가 전혀 떠오르지 않는다면 인스타그램에서 많이 쓰이는 해시태그를 검색해서 당신에게 유용할 수 있는 다양한 조합을 찾아보는 것을 제안한다. 인스타그램에서 화면 하단의 돋보기를 클릭하면 해시태그 검색을 할 수 있다. 만약 당신의 고객이 근처에 거주한다면 거주하는 도시와 동네 해시태그를 사용하라. 근처 동네까지 추가해도 좋다. 지리적으로 당신의 비즈니스를 성장시키는 또 다른 방법은 당신이 거주하는 도시의 해시태그를 팔로우하고 그중에서 당신과 관련 있는 게시물에 댓글을 다는 것이다. 이것이 바로 인스타그램 바이오 페이지를 작성하는 데 주의를 기울여야 하는 이유다. 인스타그램을 통해 당신을 팔로우하는 커뮤니티가 생성되기 때문이다. 당신의 인스타그램을 방문한 잠재 팔로워들이 바이오 페이지를 보고 당신을 팔로우할지 결정하는 데는 단 몇 초도 걸리지 않는다.

## 5. 사람들은 인스타그램 스토리로 소통한다

인스타그램 스토리를 사용하는가? 아직 하고 있지 않다면 시작하길 권한다. 많은 사람이 일할 때, 혼자 점심을 먹을 때, 혹은 지루할 때 스토리를 켠다. 나는 개인적으로 내 피드에 스토리를 볼 수 있도록 해두고 고객과 소통함으로써 연결 관계를 유지한다. 스토리 분석 데이터를 보면 얼마나 많은 사람이 스토리를 봤는지 확인할 수 있다. 그들이 당신의 피드에 있는 게시물에 모두 '좋아요'를 누르지 않더라도 스토리 확인 여부는 알 수 있다.

## 6. 스티커로 웃고 울고 질문하라

인스타그램 스토리에는 스티커 기능이 있다. 인스타그램 스토리에 이 스티커를 추가하라. 스토리를 열면 한쪽이 살짝 떨어지려고 하는 웃는 얼굴의 아이콘이 바로 스티커 버튼이다. 스티커는 위치 추가 및 날씨, 위치, 즐거움을 주는 효과가 있다. 스티커의 투표 기능과 질문 기능을 통해 사람들의 참여도를 높일 수 있다(출시 예정 상품이나 제품 출시에 대한 피드백을 얻을 수도 있다). 인스타그램은 스토리에 다른 사람을 태그해서 그들이 당신의 스토리를 가져가서 자신들의 피드에 공유할 수도 있다. 그렇게 하면 당신의 스토리는 퍼져나갈 것이다. 다가올 행사나 제품 출시를 기억할 수 있도록 '카운트다운' 스티커를 사용하거나 여러 기능이 담긴 캡션 스티커를 추가하는 방법도 추천한다. 다른 창으로 금세 넘어가버리는 인스타그램 스토리 특성상 눈에 띄는 캡션으로 그들을 붙잡아둘 수 있다.

## 7. 누구나 사용할 수 있는 링크 스티커에 주목하라

몇 년 전까지만 해도 인스타그램에서는 팔로워가 1만 명 이상이어야 게시물에 링크를 포함할 수 있었다. 하지만 이제는 스토리 사용자가 다른 웹사이트로 직접 방문할 수 있도록 링크 포함을 허용하고 있다. 바로 '링크' 스티커를 통해서다. 누구나 이 스티커를 사용할 수 있다. 스티커의 텍스트를 자신에게 맞게 고쳐서 스티커에 포함된 링크가 어디로 이어지는지 설명도 할 수 있다.

## 8. '…더 보기'의 마법

게시물의 첫 단어에 가장 중요한 내용을 넣어서 사람들의 관심을 끌어라. 글이 길어지면 뒤에는 '더 보기' 버튼이 자동으로 생성된다. 읽는 사람은 나머지 내용을 계속 읽으려면 반드시 '더 보기' 버튼을 누를 수밖에 없다. 낸시 하르훗Nancy Harhut은 그녀의 책, 『마케팅에서 행동 과학 활용하기Using Behavioral Science in Marketing』에서 다음과 같이 제안한다.

비밀, 살짝 엿보기, 무대 뒷이야기, 숨겨진 진실, 알려지지 않은 스토리 등의 문구와 단어를 써서 카피에 감칠맛을 더하라…… 그리고 다른 곳에서는 찾을 수 없는 정보가 바로 여기에 있다고 느끼게 하는 표현을 사용하라.[35]

## 9. 팔로워의 눈과 귀를 자극하라

인스타그램 DM을 음성 메시지로도 보낼 수 있다는 것을 아는가? 마이크 아이콘을 클릭한 다음 음성을 녹음해서 음성 메시지를 보내면 여러분만의 개성이 담긴 DM이 된다. 예상치 못한 인간적인 소통 방식에 당신의 고객은 감사함을 느낄지 모른다. 가끔은 음성 메시지보다 한 단계 더 나아가 사진을 찍어 보내거나 여러분 자기 모습을 녹화해서 보낼 수도 있다. 이왕이면 프로필 사진에 여러분 자기 사진을 등록해놓는 것도 좋은 방법이다. 바이오에는 글자 수 제한이 있으므로 나 자신을 더욱 드러내고 싶다면 진짜 내 얼굴과 목소리를 활용해보라.

## 10. 초록이 주는 특별함, '친한 친구'

인스타그램에는 팔로워보다 더 친밀한 관계의 그룹인 '친한 친구' 기능이 있다. 내가 설정한 고객들에게만 스토리가 보일 수 있는 기능이다. 독점적인 이야기, 제품 출시, 제품 뒷이야기 등을 보여주는 데이 기능을 활용하라. 이미지를 업로드하거나 동영상을 녹화한 다음 스토리 화면 하단에서 '친한 친구' 버튼을 누르기만 하면 된다. 이렇게 친한 친구에게만 보내는 스토리를 올리고 나면, 당신의 프로필 이미지 주변에 녹색 원이 그려진다. 전체 공개하는 스토리에 분홍색 원이 그려지는 것과 다르다. '친한 친구' 기능을 사용하려면 우선 자신의 프로필 페이지 우측 상단에 줄 세 개로 구성된 메뉴 아이콘을 클릭해서 '친한 친구'를 선택한 다음, '친한 친구'가 될 친구 계정을 하나하나 선택하면 된다.

# 19장

**트위터**

# 당신의 영향력을 10배 키우는 트위터

## 줄리아 브램블
### Dr. Julia Bramble

줄리아 브램블은 소셜 미디어 마케팅 컨설턴트, 트레이너이자 강연자이다. 그는 소규모 기업체 및 마케팅팀과 함께 일하고 있다. 분자 생물학 박사 학위를 가지고 전직 법의학자로 활동했던 줄리아는 지금은 DNA 분석보다는 인간관계와 그 연결에 초점을 맞추고 있다.

🌐 www.bramblebuzz.co.uk

트위터는 사람들과의 관계를 형성할 수 있는 기회가 풍부하다. 그리고 이렇게 맺은 관계는 어떤 비즈니스이든 성장하는 데 핵심적인 역할을 한다. 트위터는 가장 가까운 사람들끼리의 대화부터 그 이상까지의 이야기를 다룬다고 생각하면 된다. 과거에는 사람들이 팔로워 수 늘리기에 초점을 맞추었지만 노출수impression와 참여수engagement도 그만큼 중요하다는 걸 알게 되었다.

잦은 논쟁이 벌어지는 트위터의 평판이 걱정이라면 누구를 팔로우할지, 어떤 콘텐츠에 집중할지 선택하는 주체는 당신이라는 사실을 기억하라. 특정 단어를 포함하고 있는 트윗은 알람이 울리지 않도록 필터를 설정할 수도 있다. 당신이 트위터를 사용하는 목적이 무엇이든 관계없이, 내가 제안하는 10가지 팁으로 당신이 트위터에서 더 큰 효과를 얻어낼 수 있기를 바란다. 그리고 만약 아직 트위터를 하고 있지 않다면, 내가 제안하는 팁을 활용해 트위터를 시도해보라.

## 1. 확실한 가치가 있는 트윗을 올려라

단순히 링크 하나만 공유하는 트윗은 하지 마라. 사람들이 잘 알지도 못하는 웹사이트를 방문하려고 화면에 보이는 링크를 클릭할까? 그리고 그들이 다시 트위터로 돌아와서 당신의 트윗에 반응할 확률이 얼마나 될까? 차라리 트윗에 가치 있는 내용을 담고 질문을 공유하거나 사람들의 경험이나 견해를 물으면서 대화를 끌어내라. 당신의 트윗은 직접적인 가치를 지니는 것이 좋다. 트위터상의 대화는 빠르게 진행되기도 하지만 몇 시간, 심지어는 며칠 전에 공유했던 트윗이 다시 뜨기도 한다. 그러므로 다른 사람들의 눈에 띄기 위해 의미 없는 트윗을 보낼 필요는 없다.

## 2. 사람들은 당신의 스레드가 궁금하다

매번 비슷한 트윗은 식상할 수 있다. 스레드는 트위터에서 한 사람이 작성한 일련의 트윗이다. 트위터 스레드를 이용하면 더 길이가 긴 텍스트를 공유할 수 있다. 트윗을 하나 만든 다음, 그에 대한 댓글로 추가 트윗 더하기를 반복하기만 하면 된다(트위터는 스레드 생성을 쉽게 할 수 있도록 해놓았다. + 아이콘을 찾기만 하면 된다. 스레드에 속한 모든 트윗은 한꺼번에 올라온다). 이 포맷은 실제로 효과가 좋다. 특히 눈길을 끄는 훅으로 첫 번째 트윗을 시작했을 때 사람들은 스레드 전체를 읽고 싶어진다. 스레드 순서 마지막 트윗에 더 많은 정보를 볼 수 있는 CTA를 추가해보라.

마케팅 천재들의 비밀노트 350

## 3. 적극적으로 반응하라

트위터의 알고리즘은 계정의 영향력을 극대화한다. 비슷한 주제를 가지고 대화하는 사람들의 피드는 연결된다. 그렇게 사람들은 당신에게 관심을 갖게 될 것이다. 사람들이 당신에게 관심을 갖게 하는 최고의 방법은 결국 그들에게 관심을 보이면 된다.

선제형 참여와 대응형 참여의 두 가지 유형이 있다. 당신에게 멘션이나 댓글이 달렸을 때 단순히 '좋아요'를 누르기보다 댓글을 달면서 반응하라. 이것이 바로 대응형 참여다. 가능하다면 상대에게 질문을 해서 대화가 이어지도록 하라. 상대가 매우 특별한 사람인 것처럼 느끼게 하려면 그들의 프로필을 확인해서 그들이 공유한 내용 중 뭔가를 언급하거나 그들의 트윗 몇 개에 반응을 보여라. 당신을 언급하거나 당신의 트윗을 공유한 사람에게 감사를 표할 때도 이런 방법을 사용하라. 그저 '감사합니다'라고 말하는 건 기억에 남지도 않을뿐더러, 대화가 시작되지도 않는다. 관심을 상대에게 다시 돌리도록 하면 대화는 시작된다. 더 확장된 관계 형성을 원한다면 당신을 팔로우하는 사람에게 적극적인 감사를 표하라.

트위터를 비즈니스 목적으로 사용한다면 더욱 더 적극적인 자세를 유지하라. 메시지를 주기적으로 확인하고 문의에는 즉각 반응해야 하며 특히 부정적인 문의에는 더 빠르게 답변하라. 고객 문의에 빠르게 답하고 고객을 진정으로 돕고자 하는 마음이 느껴진다면 불만이 있던 고객도 결국 해당 기업을 추천하게 될 수도 있다. 무엇보다 긍정적인 리뷰를 남기는 사람에게 감사를 표하라. 그들의 트윗을 공유하고, 추천 글로 저장하기 위해 캡처하라.

## 4. 당신이 남긴 코멘트는 당신의 브랜드 자체다

선제형 참여는 트위터에서 성과를 얻기 위해 차곡차곡 쌓아가는, 마치 사금(砂金)과 같은 개념이라고 생각하면 된다. 왜 그럴까? 당신이 반응을 보낸 계정은 당신을 주목하게 되고, 그 계정을 방문하는 이들도 당신을 알아보게 된다. 이때 트위터의 알고리즘은 당신을 눈여겨본다. 그리고 사람들은 당신의 프로필, 웹사이트 혹은 최근 트윗을 확인하기 시작할 것이다. 새로운 팔로워가 생기고 당신의 콘텐츠를 공유하는 사람이 생길 수도 있다.

당신의 트위터 영향력을 극대화하고 싶다면 선제적으로 참여하라. 당신을 알리고 싶은 계정이나 그 계정이 팔로우하는 계정에 반응을 남겨라. 트위터 애널리틱스 데이터를 확인해 보면 당신이 적극적으로 먼저 반응했던 트윗 중 하나가 '최고의 트윗'이 되어 있는 걸 발견하게 될 것이다.

## 5. 자주 리트윗하라

트위터에서는 다른 사람의 트윗을 공유하는 것을 리트윗retweet이라고 한다. 트위터는 이 기능이 매우 당연하고 활발하다. 당신이 가치 있다고 생각하는 트윗을 리트윗하면 트윗의 작성자와 대화가 이어질 확률이 높다. 트윗을 공유할 때는 항상 '인용 트윗quote tweet'을 사용해서 당신이 해당 트윗을 공유하는 이유에 관한 코멘트를 달아라. 당신이 작성자의 계정에 귀를 기울이고 있고 공감한다는 의사를 전할 수 있다.

## 6. 트위터의 놀라운 도구를 활용하라

트위터의 돋보기는 '검색'을 뜻한다. 돋보기를 눌러 관심 있는 계정이나 대화를 찾아라. 기본 검색 기능을 활용해서 키워드나 해시태그로 계정이나 트윗을 검색할 수 있을 뿐 아니라, 강력한 필터를 적용할 수 있는 고급 검색 도구도 존재한다. 필터를 적용하면 최소 참여 개수, 정확한 문구 매치, 제외할 단어 등 필터를 적용할 수 있다.

트위터가 가진 또 하나의 특징은 링크드인의 사용자와 트위터의 사용자가 거의 비슷하다는 것이다. 링크드인 친구들의 트위터 계정을 찾아보라(이때 링크드인에서도 고급 검색 도구를 이용할 수 있다). 계정 몇 개를 찾고 나면 누구에게 반응을 보낼지, 누구를 팔로우할지, 누가 그들을 팔로우하는지, 그들의 팔로워는 누구에게 반응을 보이는지 등을 확인해보자. 어떤 계정이 영향력이 있으며, 그들은 무엇에 관한 트윗을 하고, 어떤 인적 네트워크들이 겹치는지 그림을 그려보는 것이다. 이는 당신의 마케팅에 적용할 수 있는 공통된 주제를 찾아내는 시간이 될 것이고, 그 가치를 매길 수 없을 정도로 중요한 일이다.

## 7. 트위터 리스트를 만들자

관심이 가는 트위터 계정을 찾았는가? 트위터가 자랑하는 리스트 lists 기능을 이용해보자. 리스트를 클릭하면 그 리스트에 속한 계정의 트윗만 볼 수 있게 된다. 리스트 기능을 사용하면 당신이 관심 있는 계정의 트윗에만 집중할 수 있어서 그들과 관계를 맺는 일이 더 쉬워진다.

## 8. 해시태그로 모여라

저널리스트와의 친분은 아무래도 우리 기업 홍보에 더 긍정적으로 반응하지 않을까? 당신이 속한 분야에 관해 글을 써줄 저널리스트를 찾아라. 그리고 그들과의 관계 형성을 위해 그들의 트윗에 반응하는 일부터 시작하라. 대부분의 저널리스트가 사용하는 해시태그 #Journorequest를 주기적으로 확인하라. 확실한 PR의 기회를 잡고 싶지 않은가?

## 9. 트위터 채팅에 참여하라

트위터 채팅은 주로 한 가지 주제를 가지고 매주 같은 시간에 진행된다. 대화의 주제는 특정 장소에서부터 온라인 북클럽, 굉장히 구체적인 틈새시장까지 다양하다. 일부 채팅의 경우 게스트를 초청하기도 하며 호스트가 사전에 정해진 질문을 던짐으로써 활발한 논의가 이루어질 수 있도록 한다. 채팅 참가자는 해당 채팅과 관련된 트윗에 특정 해시태그를 사용하므로 대화가 이루어지는 동안 추적이 가능하다. 트위터 채팅에 참여하기 위해서는 정해진 시간에 트위터에 접속하여 해당 채팅 해시태그를 검색어로 입력하면 된다. 그러면 채팅에 참여한 다른 참가자들의 트윗이 검색될 것이다. 그들의 트윗에 가치를 더하고 지지하는 댓글을 달아라. 최고의 성과를 내려면 같은 채팅에 주기적으로 참여해서 채팅 참가자들에게 당신을 알려라.

## 10. 실시간 트렌드를 보고 있는가?

트위터상에서 가장 많이 언급되는 단어나 문구를 '실시간 트렌드 trending topic'라고 한다. 이는 설정된 지역과 시간에 따라 달라진다. 실시간 트렌드와 관련된 트윗을 공유함으로써 노출수와 참여수를 올릴 수 있다. 관련된 트렌드를 찾아내거나 트윗을 미리 계획했다가, 기회를 발견하면 실시간으로 뛰어들어라.

트렌드를 예상해서 트윗을 계획할 수 있는 대상에는 계절성 아이템, 주요 날짜, 사람들에게 많이 알려진 기념일 등이 있다. 지인들이 보는 TV 프로그램이나 잘 알려진 큰 행사들도 고려해보라. 이런 날에는 관련 해시태그를 넣은 트윗을 올려 해당 주제를 검색하는 사람들이 당신의 트윗을 발견하게 하라.

# 20장

## 디지털 광고

# 디지털 광고의
# 주인공이 되어라

### 줄스 모리스
#### Jules Morris

줄스 모리스는 마케팅과 인간 중심의 리더십 컨설턴트이자, 테네시주 녹스빌에 있는 테네시 대학교에서 디지털과 비주얼 마케팅 강의를 맡고 있다. 그는 비즈니스에서 창의와 혁신을 이끄는 일에 열정을 가지고 관련 주제에 연구의 초점을 맞추어 진행한다.

🌐 www.bombdiggity.com

디지털 광고. 단어는 단순해 보이지만 훌륭한 디지털 광고는 결코 단순하지도 지루하지도 않다. 그렇다면 훌륭한 디지털 광고는 무엇일까? 마케터는 자신의 디지털 광고 기술을 끊임없이 갈고닦으며 업데이트한다. 이제는 선택이 아니라 필수다. 잘 갖춰진 디지털 마케팅은 검색 엔진 마케팅SEM, search engine marketing, 검색 엔진 최적화, 소셜 미디어 광고, 네이티브 광고native ads, 디스플레이 광고, 웹사이트 등 플랫폼을 활용한다. 또한 구글 애드(클릭당 요금이 부과되는 형식의 검색 엔진 광고인 PPC, 사용자의 검색 기록 및 방문 경로 등을 기반으로 각각 다른 광고를 내보내는 광고 형태인 리타겟팅, 시각적인 요소를 이용한 디스플레이), 스트리밍 광고, 모바일 광고도 여기에 포함된다. 심지어는 이메일, 문자, 디지털 광고판도 디지털 광고로 분류된다. 각 플랫폼은 캠페인 생성 과정과 절차가 각기 다르며, 그 진행 방식도 시각적인 것부터(디스플레이 광고, 동영상 광고, 비용을 낸 소셜 광고) 보이지 않는 것까지PPC, SEO, SEM 다양하다. 여러분이 여러 광고로 혼잡한 세상에서 돋보일 디지털 광고를 만들 수 있게 도울 10가지 중요 팁을 여기서 공유하고자 한다.

## 1. 그들은 무엇을 원할까?

고객은 왜 우리 제품을 선택해야 할까? 디지털 광고를 시작하기 전에 충분히 시간을 들여 생각해보라. 그만한 가치가 있는 과정이다. 팁을 주자면 당신의 디지털 광고는 결코 브랜드 자체에 관한 내용은 아닐 것이다. '최고로 선정'되었다든지 '1위 기업'이라는 점을 강조하는 것보다 고객의 시선에서 생각해보라.

## 2. 클릭 수보다 클릭한 사람을 생각하라

설문조사나 인터뷰를 통해 고객이 어디에 사는지, 그들이 디지털 플랫폼에 어떻게 참여하는지, 당신의 제품을 어떻게 사용하는지 파악하라. 고객들은 어떤 단어로 우리를 검색할까? 우리 기업에 대해, 우리 제품 사용 경험에 대해 고객들은 어떤 이야기를 할까? 고객이 가장 좋아하는 소셜 미디어는 무엇일까? 고객이 우리 기업을 택한 이유는 무엇일까? 고객에게 중요한 건 무엇일까? 디지털 광고의 특별한 점 중 하나는 사람들에게 다가가는 데 있어 유연하면서도 정확하다는 점이다. 기업은 클릭 수와 전환율에 집착하기 쉽지만, 클릭과 전환의 주체는 바로 사람이다. 비즈니스 인사이트나 애널리틱스 분석 데이터를 넘어 고객과 나누는 대화, 그들을 알아가는 데 사용하는 시간을 대체할 수 있는 건 없다. 무엇이 고객을 행동하게 하며 그들에게 기쁨을 주는 건 무엇인지, 그들은 무엇에 좌절하는지 배우는 일이야말로 고객 중심의 디지털 광고를 위한 핵심이다.

## 3. '진심으로' 보여줘라

고객은 진화한다. 마케터는 게을러서도 안 되고, 딱딱한 사무용 표현이나 지나치게 무거운 홍보 문구를 쏟아낼 수도 없다. 고객은 분명 간파해 낼 것이다. 매일 걷기를 실천하지 않으면서 환경을 생각하고 있다고 말하면 안 되듯, 진정성 있고 실체가 있는 비즈니스가 되려면 고객에게 인간적, 현실적인 모습으로 다가가야 한다. 당신이 어떤 사람인지, 운영하는 비즈니스는 무엇인지, 당신이 소중히 여기는 것이나 전념하고 있는 바는 무엇인지 진정성 있게 드러내라. 당신만의 개성, 목소리, 스타일, 분위기, 심지어는 단어 선택까지 빛날 수 있도록 신경 쓰고 진정한 자기만의 모습을 고객과 공유하라. CEO나 직원 한 명을 광고에 등장시키고 그들의 목소리를 들려주는 것 같은 실제 인물이 우리 기업을 대표하게 하는 방법도 있다. 포인트는 '진심'이라는 것을 항상 기억하라.

## 4. 고객과의 선을 넘지 마라

한창 재미있는 동영상을 보고 있는데 중간중간 30초짜리 광고를 몇 개나 봐야 했던 적이 있는가? 똑같은 회사에서 매일 보내는 쓸모없는 이메일 폭탄을 맞아본 적이 있는가? 고객이 우리 기업으로부터 짜증을 느껴서는 안 된다. 동영상을 보는 고객들이 우선시되어야 한다. 고객에게 마치 선물처럼 느껴지는 길이가 짧은 동영상을 고려해 보라. 발송하는 이메일의 양도 적절하게 조절하라.

## 5. 시각을 자극하라

좋은 창작물은 기본이다. 사진이 별로면 사진을 빼라. 디자인이 썩 좋지 않으면 바꿔라. 동영상이나 그래픽이 흐릿하면 쓰지 마라. 보는 이의 흥미를 끄는 아름다운 시각적 이미지를 만들어라.

뇌가 처리하는 정보의 90%는 시각적 정보다. '말horse'이라는 단어를 들었을 때 우리는 글자 대신 이미지를 떠올린다. 인간은 이렇게 반응하도록 만들어진 존재다. 우리는 눈으로 받아들이는 시각적 정보를 토대로 마음속에서 이야기를 만들어낸다. 필요하다면 고품질 디자인을 위한 도구나 앱을 능숙하게 다룰 수 있을 때까지 익혀라. 이 시간을 절대 후회하지 않을 것이다. 나쁜 디자인은 절대 고객의 기억에 남지 않는다.

## 6. 우리 콘텐츠는 좋은 콘텐츠인가?

좋은 콘텐츠란 보는 사람으로부터 감정의 동요를 끌어내야 한다. 보는 이를 즐겁게 하거나 그들에게 유용한 정보처럼 느껴져야 한다. 그럼에도 광고처럼 느껴져서는 안 된다. 하지만 검색에는 최적화되어 있어야 한다.

최고의 콘텐츠는 흘깃 보기만 해도 이야기가 전달된다. 우리 콘텐츠 하나를 골라 다음의 질문에 답해보라. 그 어느 질문에도 'YES'라고 답하지 못한다면, 그 콘텐츠를 사용하는 건 다시 생각해보자.

- 재치 있는 콘텐츠인가?

- 상냥한 느낌의 콘텐츠인가?

- 재미있는 콘텐츠인가?

- 정보를 전달하는 콘텐츠인가?

## 7. 지금까지의 노력 안에 답이 있다

우리가 쏟는 모든 노력은 언제나 결과로 돌아오기 마련이다. 주의를 기울이고 자신이 들인 노력을 되짚어 보면 고객이 무엇을 좋아하고 또 싫어하는지, 고객이 무엇과 연결 관계를 맺고 맺지 않는지, 고객이 맨 처음 당신을 어떻게 찾아냈는지 같은 정보를 얻을 수 있다.

당신의 경쟁사가 어떤 키워드에 돈을 내고 있는지 알고 있는가? 고객은 온라인에서 당신의 제품, 서비스를 찾기 위해 어떤 키워드를 검색했을까? 많은 기업이 초기에는 구글 애드Google Ads에 키워드를 등록해 두지만 그 뒤로 다시 살펴보는 노력을 기울이지 않는다. 검색 광고는 고객이 당신을 검색하는 방법, 그들이 사용했던 단어(키워드)를 토대로 당신이 원하는 고객을 타겟팅할 수 있게 한다. 하지만 검색 광고에도 최적화할 수 있도록 주의를 기울여야 한다. 지금까지 디지털 광고를 위해 당신이 노력한 이력을 살펴보면 자신이 전달하고자 하는 메시지를 고객의 니즈에 맞게 고칠 수 있다. 그러면 결국 당신의 사업이 성공할 확률도 높아질 것이다.

## 8. 동일한 메시지를 효과적으로 전하라

고객에게 어떻게 매번 우리 브랜드를 소개할 수 있을까? 이때 고객이 채널마다 완전히 다른 콘텐츠를 마주하게 된다면 고객은 우리 기업을 떠올릴 수 없을 것이다. 기존에 만들어 둔 시각적 요소와 메시지를 여러 플랫폼에 활용하자. 브랜드를 구축하려면 반복이 핵심이다. 마케팅 요소, 메시지, 색상을 반복해서 사용해야 한다. 예를 들어 동영상 광고의 스틸 컷은 동영상 광고뿐만 아니라 이미지 광고의 옵션으로도 널리 사용할 수 있다. 음악과 메시지 문구를 넣어서 인스타그램에 스토리나 릴스를 만들 때도 이런 스틸 이미지를 쓸 수 있다. 동영상은 여러 소셜 미디어 플랫폼에 걸쳐 재사용하면 된다. 이때 주의할 점은 처음에 만들 때부터 콘텐츠가 전달하는 메시지와 시각적 이미지를 강력하게 만드는 것이 핵심이다.

## 9. 정적인 디스플레이 광고는 피하자

웹사이트상에서 고객의 관심을 벌 수 있는 시간은 1초도 되지 않는다. 인간의 뇌는 정적인 디스플레이 광고를 절대 보지 않는다. 전환율을 높이려면 좀 더 풍부한 요소가 든 미디어(흩날리는 색종이 조각인 콘페티 효과나 재미있는 애니메이션 등)나 빠르게 이야기 줄거리를 보여주는 동영상을 고려해보라. 혹은 위치나 행동을 기반으로 최적화된 역동적 광고를 통해 고객과의 연관성을 극도로 높인 메시지를 실시간으로 전달하는 방법도 있다.

## 10. 기본을 잊지 말자

구글 비즈니스Google Business에 등록하고, 최대한 주목받을 수 있는 맞춤형 콘텐츠를 제작하고, 웹사이트는 주기적으로 최적화 작업을 진행하라. 그리고 여러 버전으로 광고를 테스트해보라. 그리고 마케팅에 들인 노력이 어떤 성과를 가지고 왔는지 측정하는 일도 잊지 마라. 이런 기본적인 사항은 다른 책에도 기본적으로 소개되어 있겠지만 몇 번이고 언급해도 충분하다.

# PART 4

# 놓치기
# 쉬운
# 마케팅

마케팅 스탠다드

# 21장

# 집으로
# 편지를
# 보내라

제프 타란
Jeff Tarran

제프 타란은 미국에서 가장 큰 규모의 독립 우편 에이전시 중 하나인 건더슨 다이렉트(Gunderson Direct)의 COO다. 25년이 넘는 세월 동안 그는 스타트업부터 포춘 500(Fortune 500) 기업까지 다양한 규모의 기업이 우편 광고 프로그램을 시작하고 성공적으로 키워나갈 수 있도록 도움을 주고 있다.

🌐 GundersonDirect.com

우편물은 지나치기 어렵다. 가정에서는 하루에 평균 여덟 통의 우편물을 받으며, 그 우편물들은 하나하나 직접 손으로 처리해야 한다. 매일 눈에 보이지만 쉽게 무시할 수 있는 수천 건의 디지털 메시지와 확연히 비교되는 부분이다.

여러 기업이 직접 우편DM, direct mail 즉, 우편물 마케팅으로 신규 고객을 유치한다. 미국의 우정사업본부인 USPS의 보고에 따르면 매년 우편물 양은 약 3%씩 증가하고 있으며[36], 한 업계 보고서에서는 우편의 평균 투자 수익률이 112%로 해당 연구에서 조사한 마케팅 채널 중 가장 높았다.[37]

우편물 마케팅은 분명한 효과가 있다. 다양한 마케팅이 이루어지는 세상에서 우편은 물리적이면서도 고객 맞춤화하기 쉬운 마케팅 전략이다. 그리고 디지털 마케팅보다 더 깊은 고객 참여와 관심을 요구한다. 또한 모든 주요 마케팅 채널 중 가장 신뢰받는 채널이기도 하다. 정부와 주요 기관은 아직도 우편을 통해 중요한 의료 보건 정보 및 재무 정보를 나누고 있다. 이메일이나 타 온라인 채널과 달리, 우편물로 소비자를 속이려는 사기 시도는 드물다. 당신의 우편물 마케팅의 성공을 보장하기 위해 도움이 될 몇 가지 모범 사례를 공유한다.

## 1. 누가 이 편지를 받을까?

우편물 마케팅의 성공에 있어 가장 중요한 요소는 누가 이 편지를 받을 것인지다. 마음을 끄는 카피 문구에, 아름다운 디자인의 우편물, 그 안에 아무리 대단한 오퍼가 들어있다고 하더라도 거기에 전혀 관심이 없는 사람에게 발송된다면 편지는 쓰레기통으로 들어갈 게 뻔하다. 이때 다양한 유형의 데이터를 전문적으로 취급하고 있는 리스트 제공 업체로부터 고객 리스트를 구매하여 여러분이 무엇에 선택과 집중해야 할지 도움을 얻어라. 우편물 마케팅의 성공이 한 발짝 더 가까워졌다.

## 2. 성과를 어떻게 측정할 것인가?

우편물 마케팅을 잘 활용하면 고객과의 친근감 형성부터 끼워 팔기, 잃었던 고객 되찾아오기까지 많은 효과를 기대할 수 있다. 우편물을 보내기 전에 당신의 성공 지표를 결정하라. 판매 과정이 여러 단계로 구성되어 있다면 고객의 반응부터 전환까지 전체 과정을 따라 고객이 보이는 반응을 추적할 수 있다. 또한 고유한 URL과 전화번호를 담고 있는 고객 파일을 당신의 파일에 맞춰보는 방법으로 신규 고객 형성 여부를 확인할 수 있다. 고객의 이메일 주소만으로도 이메일 주소에 맞는 집 주소를 역으로 추가해 주는 데이터 소스도 있기에 어느 마케팅 활동이 성과를 냈는지 살펴보는 매치백matchback 프로세스에 사용될 수 있다.

### 3. 새로운 방문자를 놓치지 마라

더욱 새로워진 타겟팅 기술은 웹사이트 방문자 IP 데이터를 수집해서 그들에게 메일을 보낸다. 당신의 웹사이트에 관심을 갖고 방문해준 이들에게 주문 즉시 제작되는 프린트 온 디맨드print-on-demand를 적용해보자. 그들은 웹사이트를 방문한 지 채 며칠이 지나지 않아 스페셜 오퍼가 담긴 우편물을 받아볼 수 있을 것이다.

### 4. 매력적인 제안을 하자

최종 판매로 이어지기 위해 당신의 잠재 고객을 우편물에서 다른 채널(웹, 전화 혹은 매장 방문)로 이동시킬 수 있어야 한다. 그러려면 당신이 제공하는 오퍼는 그만큼 충분히 매력적이고 독창적이어야 한다. 이때 제안하는 오퍼와 CTA는 단순해야 한다. 우편 광고에서 제안하는 오퍼가 많거나 복잡하면 오히려 고객의 역반응을 불러일으킬 수 있다.

### 5. 모든 오퍼에는 유효 기간이 있다

고객이 우편물 봉투를 열었다는 것은 당신의 서비스에 관심이 있다는 것을 의미한다. 그리고 대부분의 사람은 다른 사람이 다 누리는 좋은 기회를 나만 놓칠까 불안한 마음FOMO, fear of missing out을 두려워한다. 우편물 발송 날짜와 적절한 수준으로 근접하게 오퍼 유효 기간을 설정하면(30~60일 정도) 긴박함을 더할 수 있다. '한정된 기간'이나 '지금 바로 행동하세요'와 같은 문구를 오퍼 CTA에 사용하라. '기한 내에 회신 요망' 등의 표현은 긴급한 상황인 것처럼 보인다.

## 6. 여러 번 강조해도 모자라다

시선 추적 연구에 의하면 사람은 편지를 받으면 왼쪽 위부터 오른쪽 아래로 훑어본다고 한다. 받은 사람의 상황을 미리 생각해보자. 우편물의 오른쪽 아랫부분에 그래픽을 더한 CTA를 넣어서 전하고자 하는 메시지를 강렬하게 마무리하라. 광고 카피 내 오퍼와 CTA를 여러 번 반복하라. 우편물 내에 최소 3번은 오퍼가 등장하도록 하라. 강조하기 위해 추신에도 넣어라.

## 7. 고객이 봉투를 여는 그 순간까지

이 모든 것은 고객이 우편물 봉투를 열기 전까지는 아무 소용이 없다. 엽서 겉면에 엄청난 할인을 강조하는 문구를 넣거나 봉투에 어떤 광고일지 암시하는 티저 문구를 넣어서 분위기를 조성할 수 있다. 하지만 때로는 수신인 주소와 반송 주소 외에는 아무것도 적혀 있지 않은 봉투가 '스페셜 오퍼 재중!'이라고 큰 소리로 외치는 봉투보다 더 뛰어난 성과를 내기도 한다. 광고 우편물 자체보다는 우편물에 기재된 웹페이지 주소를 따라 들어가면 더 상세한 정보를 볼 수 있도록 해서 고객을 웹페이지로 이끌어라.

## 8. 단순함을 유지하라

광고 우편물의 콘텐츠는 읽기 쉽게 제작하라. 우편 방식에서 머리를 쓰면 오히려 실패한다. 제품의 이미지, 실제 생활 적용 사례 혹은 진짜 소비자들의 추천 글을 실어서 더 읽고 싶어지는 우편물을 만들어라. 만약 고객을 온라인으로 유도하고 있다면 그들의 온라인 경험은 어떨지 미리 검토해보라.

## 9. 같은 메시지라도 다르게 보낼 수 있다

가장 흔한 우편물의 형식은 엽서, 봉투 없이 보낼 수 있는 소책자, 그리고 봉투에 든 패키지다. 각각 다양한 접근 방식이 있고 그 크기도 다르다. 간단한 메시지 전달이나 과감한 오퍼를 제안할 때는 엽서가 적당하다. 상류층을 겨냥한 마케팅이나 큰 반응을 끌어내기 위해 더 많은 정보를 제공해야 할 때는 봉투에 든 패키지를 사용할 수 있다. 제작비가 조금 비싸지더라도 말이다. 마케팅 효율성을 위해 우편물 규격을 확인하는 것도 잊지 마라.

## 10. 편지도 발전해야 한다

당신이 보내는 우편물 콘텐츠는 자주 업데이트되는 게 좋다. 처음부터 성공하면 좋겠지만 간단한 테스트로 차차 데이터를 쌓아가자. 더 복잡하고 정교한 테스트를 만들어서 진행할 수 있을 만큼 경험과 데이터가 쌓이기 전까지는 변인을 하나만 가지고 진행하는 간단한 테스트가 원칙이다.

　나는 우편물 마케팅으로 수백 개의 기업이 상당한 수익을 올리는 것을 직접 지켜봤다. 내가 공유한 이 팁으로 당신도 멋진 시작을 할 수 있길 혹은 현재 진행 중인 우편물 마케팅의 성공을 쟁취할 수 있길 바란다.

# 22장

## 이메일

# 이메일 마케팅을 포기할 수 없는 이유

### 로비 피츠워터
Robbie Fitzwater

로비 피츠워터는 클렘슨 대학교(Clemson University)의 교육자이자 MKTG 리듬(MKTG rhythm)의 설립자로, 전자상거래를 하는 기업들이 숨겨진 수익 잠재성을 찾을 수 있도록 도와준다.

🌐 mktgrhythm.com

1971년 MIT의 아파넷ARPNET 프로젝트에 참여했던 레이 톰린슨Ray Tomlinson
은 최초의 전자 메일을 보냈다. 그로부터 7년 뒤, 게리 투어크Gary Thuerk가
400명의 잠재 고객에게 새로운 컴퓨터 모델에 대해 알리는 최초의 홍보성
메일을 발송했다. 그는 단 한 번의 메일로 약 1,300만 달러의 매출을 올렸지
만 사람들은 많은 불만을 쏟아냈다. 이 최초의 홍보성 메시지는 이메일 마케
팅과 스팸 메일의 시초가 되었기 때문이다.

그로부터 40여 년이 지난 지금도 여전히 기업들은 이메일 마케팅을 어떻
게 하는지 모른다. 다들 이메일 마케팅을 하긴 하는데, 대체 자기가 뭘 하는
건지 이해하고 있는 사람은 극소수에 불과하다.

비용, 안정성, 효용성의 측면에서 이메일은 마케터가 시간과 관심을 투자
하는 만큼의 기회를 제공한다. 기업 대 기업B2B, 기업 대 소비자B2C라는 문맥
에서 봤을 때 이메일 마케팅은 다른 마케팅 채널 중에서도 가장 수익성 높은
투자회수율을 보인다(1달러를 투자하면 약 36달러의 이익이 돌아오는 정도다).
여기서 나는 이메일 마케팅 활용의 로드맵을 제시하고자 한다. 이 시간이 당
신에게 새로운 인사이트를 주길 바란다.

## 1. 이메일은 죽지 않지만, 나쁜 이메일은 죽는다

이런 비유는 조금 미안하지만 이메일 마케팅은 마케팅 채널의 바퀴벌레다. 절대 죽지 않는다. 미국에서 정규직으로 일하는 사무직 종사자들이 받는 이메일은 평균적으로 매일 약 120개 정도다. 메일 중 대부분은 삭제되거나 보관함으로 옮겨진다. 고객의 관심을 받기 위해 메일함 속 소리 없는 경쟁은 지금도 계속되고 있다. 하지만 이메일이 누군가의 개인적인 공간에 직접적으로 들어간다는 점을 고려할 때 메일은 그 가치가 충분하다. 누군가에게 이메일로 충분한 가치를 제공한다면 메일을 받기 위해 기꺼이 돈을 낼 사람들이 점점 늘어나고 있다. 최근 구독 기반 뉴스레터의 성장을 보라. 이메일을 제대로 활용하는 기업이야말로 고객을 이해하고 고객과의 관계 형성을 우선시한다.

## 2. 이보다 믿음직스러운 방법이 있을까?

고객 이메일 리스트를 만들어 관리하는 것은 우리 마케팅 자원에 투자하는 것이다. 이는 곧 우리가 고객 관계 형성과 투자를 위해 더 탄탄한 기초를 쌓으려면 어디에 집중해야 할지를 알려준다. 이메일은 알고리즘 업데이트가 있을 때도 고객과의 관계가 사라질 위험이 없고 고객이 떠날 위험이 없다. 이메일은 당신의 고객에 대한 직접적인 데이터를 수집할 수 있는 플랫폼이며 고객 개인에 맞춤화되어 수익으로까지 이어질 수 있다.

### 3. 농부가 곡식을 기르듯 키워내야 한다

부지런한 농부는 땅을 소중히 관리한다. 하루 만에 곡식이 자라서 수확할 수 있을 거란 기대를 하는 농부는 없다. 마케터도 이메일을 받는 고객층을 키우려면 농부처럼 시시때때로 무엇이 필요한지 파악해야 한다. 먼저 가입 양식과 웹사이트 팝업창을 통해 당신의 고객목록을 키워라. 시간이 지날수록 여러 고객에게 더 많이 물어볼 권리를 얻게 된다. 당신이 보내는 메시지가 고객과 연관성이 높을수록 메시지의 효과는 더 커진다. 또한 농부가 작물의 가지치기를 하듯 고객목록 정리하는 것을 두려워하지 마라. 진심으로 참여하지 않는 사람들은 오히려 기업의 제품, 서비스 제공 역량에 해가 될 수 있다.

### 4. 이메일 마케팅은 '이메일 폭탄 날리기'가 아니다

누군가에게 폭탄을 날리는 건 보통 좋은 아이디어가 아니다. 우리 기업의 이메일 마케팅 프로그램을 계획할 때 집중해야 할 세 단계는 다음과 같다.

- **고객층 형성** : 고객 이메일 목록을 만들고 추가 정보를 수집하여 고객을 분류하고 그들에게 더 나은 제품이나 서비스를 제공하기 위해 준비한다.
- **캠페인 이메일** : 특정 어투나 문체를 사용하여 고객에게 이메일을 보내 고객 참여를 유지하는 단계다. 일반적인 홍보 이메일, 뉴스레터, 콘텐츠 배포, 공지 메일 등이 포함된다.

- **자동화(혹은 사전에 지정된 코드나 프로그램으로 인해 보내진 이메일)** : 특정 행동을 기준으로 발송되는 이메일이다. 한 예로, 쇼핑몰에서 제품을 사지 않고 로그아웃하면 나중에 '장바구니에 담은 물건, 잊지 마세요'라는 이메일이 발송된다. 또, 소프트웨어를 신청하면 회원 가입 과정에서 소프트웨어 사용법을 안내받는 경우도 자동화에 해당한다.

　　고객층이 형성되면 고객은 늘어나고 캠페인으로 오랜 기간 고객 참여를 유지, 자동화로 고객의 행동을 유도할 수 있다. 각 단계는 서로 상호보완적이며 시스템 전체의 성과가 향상될 것이다.

## 5. 우리 메일이 어떻게 보여졌으면 하는가?

이메일 디자인의 전형적인 두 가지 포맷은 단순히 텍스트만 있는 디자인과 HTML이다. 텍스트만 있는 포맷은 흔히 우리가 친구나 동료에게 메일을 보낼 때 사용하는 이메일이다. HTML은 기업의 브랜드에서 받는 이메일을 생각하면 된다. HTML은 기능성과 비주얼 측면에서 더 뛰어나다(단, 오늘날에는 주로 휴대전화로 이메일을 열어 보는 경우가 많기 때문에 휴대전화에서 보기 적합해야 한다). 그렇다고 하더라도 텍스트 이메일이 나쁜 것은 아니다. 단순한 텍스트로 구성된 이메일을 여는 건 마치 친구로부터 온 이메일을 여는 느낌을 주고 친분 형성에 도움이 될 것이다.

## 6. 누가 이메일을 받을 것인가?

훌륭한 이메일 마케팅은 공감을 불러일으키고 적절한 순간, 적절한 사람에게, 적절한 메시지를 보내는 것을 목표로 한다. 그러려면 고객에 대해 잘 알고 있어야 하고 고객이 여러분의 제품 구매 과정의 각 단계에서 무엇을 필요로 하는지 알아야 한다. 예를 들어, 내가 아동복 브랜드를 운영하고 있다면 내 고객은 아이에게 선물을 주려는 사람일 것이다. 그들의 이용 사례를 기반으로 각 그룹에 전달해야 하는 메시지나 빈도를 확인하라. 고객이 필요로 하는 바를 제공하면 그들과의 상호작용에 더 큰 의미가 부여되고 친밀도를 높일 수 있다. 우리 기업이 보유하고 있는 고객 데이터를 활용하여 고객과의 상호작용에 친밀감과 인간적 체취를 더해보라.

## 7. 이메일 자동화는 마케터의 가장 친한 친구다

이메일 자동화는 1년 365일, 24시간 내내 쉬지 않고 뒤에서 당신을 위해 일하는 영업 팀이라고 생각하면 된다. 앞서 2번과 5번에서 배운 팁을 활용해 고객이 하길 바라는 행동(주문하기, 장바구니로 돌아가기, 시연 예약하기 등)의 리스트를 만들어보라. 그리고 우선순위와 수익성을 기준으로 순서를 매긴 다음, 고객을 해당 순서로 이끌어 가려면 어떤 메시지를 보내야 할지 역설계하라. 고객의 구매 과정의 목적지에 도착하는 데 필요한 각 단계를 거쳐 고객에게 무엇이 필요할지 생각해보고 고객이 필요로 하는 것을 주도록 하라.

## 8. 콘텐츠의 활용은 무궁무진하다

제작한 콘텐츠 중 하나라도 낭비하지 마라. 다른 채널(블로그, 팟캐스트 혹은 동영상)에서 가져온 콘텐츠를 사용하고, 고객의 상황에 따라 니즈가 있다면 콘텐츠를 재활용해도 좋다. 어쩌면 고객에게 익숙한 이 콘텐츠를 이메일 자동화에 활용할 수도 있다. 당신의 여러 마케팅 채널 사이에 일관성을 높일 수 있을 것이다.

## 9. 이메일 마케팅의 성과를 추적하라

성공적인 이메일 마케팅은 메시지, 콘텐츠, 발송 시간 등을 다양하게 테스트하여 고객이 구매하도록 하는 데 무엇이 확실한 효과를 지니는지 찾아낼 수 있다. 단순히 클릭률, 오픈율을 넘어 당신이 보낸 이메일이 어떻게 사업적 성과를 낼 수 있었는지 이해하려고 노력하라. 이메일을 통해 수익이 창출되었다든지 고객에게서 온 답장의 개수 등 구체적 성과가 그 예다. 이메일 마케팅에서 테스트는 쉼 없이 계속되어야 한다.

## 10. 진심을 담은 이메일을 보내라

이메일 시스템은 고객과 광범위한 관계를 만든다. 우리 모두의 목표는 고객이 이 분야에서 자연스럽게 우리 기업을 떠오르게 하는 것이다. 인간적인 면을 강조하고 고객과 공감하는 마음으로 그들을 대하라. 그렇다면 여러분은 성공할 것이다.

# 23장

## 검색 엔진 최적화

# 검색은
# 인터넷을 움직이는
# 원동력이다

### 래리 아론슨
Larry Aronson

래리 아론슨은 맨해튼 미드타운에 거주하는 시스템 애널리스트이자 기술 컨설턴트다. 최초의 웹 개발 서적인 『HTML 스타일 매뉴얼(HTML Manual of Style)』의 저자인 그는 온라인 교육과 커뮤니티 형성의 선구자이다.

🌐 LarryAronson.com

검색은 대부분 구글 웹사이트에서 직접 이루어지거나 브라우저의 주소 입력 창 혹은 구글 검색이 내장된 다른 웹사이트를 통해 이루어진다. 사람들은 유튜브, 아마존, 빙 그리고 여러 소셜 미디어 플랫폼에서 검색하기도 한다. 어떤 상품을 구매하기 위해서는 옐프Yelp, 트립어드바이저, 위키피디아, IMDB, 이베이 등에서 리뷰와 평점을 검색하는 경우도 있다.

우리 기업이 발행하는 콘텐츠는 모두 우리 회사를 알리고 대표하는 소스다. 모든 커뮤니케이션 채널에 걸쳐 당신만이 지닌 전문성을 홍보하는 일관성 있는 메시지는 검색 엔진 최적화에서 중요하다. 검색 엔진 최적화SEO를 제대로 한다는 건 당신의 마케팅 대상이 어디 있는지, 어떤 검색 엔진을 사용하는지, 우리 기업과 고객의 교차점은 무엇인지 이해한다는 의미다. 이때 마케팅 대상에는 잠재 고객, 인플루언서, 제휴사 그리고 제품이나 서비스를 제공하는 커뮤니티를 포함한다. 우리의 목표는 이때 사람들이 지닌 질문이 무엇인지에 대해 이해하고 답에 맞추어 고객과의 커뮤니케이션을 최적화하는 데 있다. 다음은 성공적인 검색 엔진 최적화를 위한 10가지 팁이다.

## 1. 고객은 왜 검색하는가?

고객은 단순히 제품 카테고리만 둘러보는 걸까, 구체적인 제품이나 브랜드를 찾는 걸까, 아니면 구매하기 위한 연락처 정보를 찾고 있는 걸까? 분석 도구를 사용하면 웹사이트 방문자가 누구며, 어디서 왔고, 그들이 무엇을 찾는지 알 수 있다. 고객의 검색 행위를 맥락 속에서 더 자세히 살펴보라. 사용한 기기, 검색 위치 그리고 가능하다면 사용자 프로필과 거래 이력도 도움이 된다. 이런 인사이트를 사용해 고객의 니즈를 해결해 줄 콘텐츠를 만들어라.

## 2. 전문성을 강조하라

끊임없이 뛰어난 품질의 콘텐츠를 만들어 당신의 전문성을 보여라. 우리 콘텐츠가 다른 콘텐츠의 발행 소스가 되면 더 좋다. 먼저 다른 높은 순위의 웹사이트에 게스트로 참여해 게시물을 올리고 소셜 미디어를 활용해서 브랜드 인지도를 쌓고 백링크를 받아라.

## 3. 고객이 우리를 한눈에 발견하게 하라

고객이 우리 기업을 검색했을 때 적절한 키워드가 담긴 설명을 볼 수 있어야 한다. 간단한 지도로 우리의 위치가 나오면 더 좋다. 예산 등의 문제로 실행이 어렵다면 구글에라도 적용하라. 모든 검색의 90% 이상은 구글을 통해 이루어진다. 구글 맵에 반드시 기업을 등록하라. 고객은 기업 리뷰를 통해 유입될 수도 있다. 하지만 구글 검색 결과 페이지에서 좋은 위치를 선점한다고 하더라도 웹사이트 트래픽은 그렇게 많이 올라가지 않을 수 있다. 구글은 많은 웹사이트로부터 키워드를 캐시에 저장해 두고 검색 결과 페이지에 그 데이터를 사용하기 때문에 우리 웹사이트는 조회수를 기록하지 못할 수도 있다.

## 4. 우리의 이름, 키워드, 핵심 문구를 알리자

웹사이트 이름, 페이지 타이틀, URL, 페이지 앞머리, 오프닝 콘텐츠 등 곳곳에 키워드, 상표, 제품명을 포함하라. 한 단어짜리 키워드 여러 개와 여러 단어로 구성된 핵심 문구를 혼합하여 사용하라. 정말 독창적이지 않은 이상, 한두 단어로 된 짧은 문구는 검색 결과 페이지에서 상위 위치를 차지하기엔 너무 경쟁이 심하다. 당신의 소셜 미디어 적절한 곳에 키워드를 해시태그로 사용해서 키워드 사용을 확장하라. 검색 엔진은 이런 플랫폼들까지 스캔하기에, 당신의 소셜 미디어 프로필과 게시물에서도 비즈니스에 대해 완전히 드러내고 알아볼 수 있도록 해야 한다.

## 5. 웹사이트를 잘 관리하자

빠른 속도의 웹사이트는 우리 기업이 웹사이트 운영에 진심이라는 사실을 알리는 셈이다. 사내 기술지원팀에 소프트웨어를 최신으로 업데이트하도록 하여 보안을 유지하라. 불필요한 파일 로드를 제거하고 워드프레스 등 CMS를 사용하고 있다면 정적 페이지static page

를 캐시에 저장해 매 방문자가 있을 때마다 재생성될 필요가 없도록 하라. 웹사이트를 최적화할 때, 이미지 같은 다른 미디어 자산도 잊어선 안 된다. 이미지, 미디어의 파일 크기를 줄이고 캡션, 대체 설명란, 인접한 텍스트에 설명을 추가하라. 시각 장애인이 스크린 리더를 사용해 당신의 웹사이트를 방문한다면 이미지에 담긴 아이디어들을 확인할 수 있을까? 시각 장애인들이 이미지에 담긴 아이디어를 확인할 수 없다면 검색 로봇도 마찬가지로 이미지에 담긴 글은 읽지 못한다.

## 6. 친근하고 신뢰하는 사람이 되어라

여기서 친근함이란 당신이 누구인지 투명하게 공개하고 왜 당신이 사이트 방문자나 소셜 미디어 팔로워가 지닌 문제를 가장 잘 해결해줄 수 있는 사람인지를 명확하게 알려야 한다는 의미다. 그러려면 우리의 연락처 및 기타 주요 정보를 찾기 쉽게 만들어라. 꾸준한 브랜딩을 통해 소셜 미디어 프로필을 쌓아가고 소셜 미디어에서 당신을 따르는 커뮤니티에 주기적으로 기여하라. 당신의 제품이나 서비스에 대한 좋은 리뷰가 올라올 때 또 다른 신뢰는 쌓인다.

## 7. 모바일 친화적인 기업이 필요하다

웹사이트나 이메일 뉴스레터는 컴퓨터는 물론이고 모바일 기기에서도 잘 작동해야 한다. 주로 컴퓨터에서의 웹사이트나 모바일 앱을 통해 고객과 소통한다고 하더라도 모바일, 태블릿 기기에서 브라우 저를 사용하는 사람을 위해 모바일 기기에서 웹사이트가 어떻게 보이는지도 꾸준히 확인하라.

## 8. 고객은 더 이상 타이핑하지 않는다

사람들은 시간과 공간을 가리지 않고 자신이 필요한 정보를 얻기 위해 그들이 가진 기기로 바로 소통할 수 있는 세상에 산다. 이런 스마트 디지털 기기는 검색 수행의 또 다른 경로를 제공해 사용자의 의도를 잘못 이해할 가능성이 있다. 연구에 따르면 글로 문의 사항을 쓸 때보다 스마트 기기에 대고 말할 때 더 깊이 있는 질문이 나온다. 그리고 그때 사람들은 검색 행위에 또 다른 태도로 임한다고 한다. 메타버스, 사물인터넷 등 기술의 발전으로 사람들은 자신이 원하는 바를 찾기 위해 점점 더 타이핑은 적게, 말은 많이 할 것이다.

## 9. 우리에게 맞는 SEO 도구를 찾자

마켓뮤즈MarketMuse, 아레프Ahrefs, 셈러쉬Semrush, 스파크토로 SparkToro 등 분석 및 최적화 서비스 사용은 똑똑한 동료가 생기는 것과 같다. 또 재스퍼Jasper, 스토리치프StoryChief, 라이터Rytr 등 AI를 사용하여 콘텐츠를 생성하면 검색하기에 편하고 최적화된 콘텐츠를 만들 수도 있다. 이는 여러 다른 채널에 맞게 콘텐츠를 구성하는 훌륭한 도구다.

## 10. 신규 콘텐츠를 꾸준하게 올려라

웹사이트에 꾸준히 게시되는 신규 콘텐츠는 우리 기업의 전문성과 업계 내 위치를 보여 줄 수 있다. 새로운 뭔가가 없는 웹사이트는 소비자의 관심을 받기 어렵다. 만약 우리가 이메일 뉴스레터를 발행한다면 웹사이트에 뉴스레터를 게시해 보관하라. 웹사이트의 콘텐츠를 늘리는 손쉬운 방법이면서 동시에 검색 엔진의 로봇에게 기업의 현황과 웹사이트상 활동에 대해 더 많은 정보를 전달한다.

# 24장

## 신문·옥외 광고·라디오

# 미디어 공룡의 멸종?

**롭 르라셔**
Rob LeLacheur

롭 르라셔는 캐나다 앨버타주 에드먼턴에서 '로드 55(Road 55)'를 운영하고 있다. 신문사에서 기자로 일하던 그는 2017년 신문업계를 떠나 로드 55를 창업했다. 디지털, 소셜 및 전통적인 미디어 도구를 사용하는 그의 회사는 고객과 기업을 연결하는 콘텐츠 제작에 초점을 맞추고 있다.

🌐 www.road55.ca

아마 당신은 디지털이라는 소행성이 지구로 떨어져서 '전통적인' 미디어라 불리는 공룡을 모두 멸종시켰다고 생각할지 모르겠다. 사실 틀린 생각은 아니다. 한때 세계를 지배하던 거대 미디어들이 마치 끊임없이 쏟아지는 유성우를 맞고 있는 상황에 더 가깝다고 말할 수 있지만, 그들이 완벽히 멸종된 건 아니다. '미디어'하면 더이상 신문, 옥외 광고, 라디오가 가장 먼저 떠오르지 않더라도 이들은 여전히 많은 가치 창출이 가능하다.

훌륭한 마케팅은 일반적인 관행에 순응하지 않는 것에서 탄생한다. 모두가 오른쪽으로 갈 때, 왼쪽으로 가는 선택을 해보자. 지금이야말로 전통적인 마케팅 채널을 다시 한번 새롭게 바라봐야 할 때가 아닐까? 당신에게 이득이 될 수 있는 전통적인 미디어 활용 10가지 팁을 여기에서 공유하고자 한다.

## 1. 패키지로 구매하라

오래된 미디어 기업들도 이제는 전부 디지털 마케팅에 적응했다. 우리는 그들이 판매하는 디지털 광고 패키지 가운데 원하는 일부를 구매하면서 그들의 전략을 활용할 수 있다. 전통적인 광고 채널의 재고가 넘쳐 허우적대고 있는 전통 기업은 기꺼이 여러분에게 '보너스'나 '가치가 추가된' 미디어를 줄 확률이 높다. 예전에 미디어 상품을 얼마나 팔았는지 정확한 가격 리스트를 갖고 있진 않겠지만 당신은 꽤 괜찮은 가격에 디지털 재고를 구매할 수 있을 것이다.

## 2. 눈에 보이는 기회를 잡아라

인기 있는 라디오 방송이 팟캐스트 채널을 갖고 있는 건 이제 흔한 경우가 됐다. 유쾌한 DJ의 라디오쇼는 많은 청취자의 사랑을 받지만 매일 같은 시간에 라디오를 켜서 그 쇼를 듣기란 쉽지 않기 때문이다. 이제 여러분 스스로 팟캐스트에 진출해보라. 팟캐스트 스폰서십을 사기 전에 별도의 생방송 프로모션을 요청하는 걸 망설이지 마라. 라디오 쇼와 팟캐스트 둘 다로부터 이익을 얻을 수 있다.

## 3. 시대가 변하듯 광고 형식도 변한다

과거의 신문 광고는 마치 고객이 정보를 얻을 다른 소스가 없는 것처럼 한정된 공간에 가능한 한 많은 정보를 욱여넣으려 했다. 회사 주소, 전화번호, 큰 글씨 문구, 작은 글씨 문구가 꽉 들어찬 구성으로 많은 정보를 전할수록 좋다고 생각했다. 하지만 이제는 신문 페이지 구석구석을 정보로 채울 필요도, 광고 방송 시간 내내 우리 기업의 상세 정보를 제공해야 할 필요도 없다. 무엇보다 단 하나, 강렬하면서도 고객에게 딱 맞는 창의적 광고로 고객이 당신과 함께 고객 구매 과정을 시작하거나 지속할 수 있도록 해야 한다. 고객의 뇌를 자극하는 도발적 질문이나 영감을 주는 생각을 던져 구매 행동을 유도하라. 동시에 신문 페이지에 우리 기업의 웹사이트나 소셜 채널로 향하는 경로를 제공하면 그들은 자연스럽게 디지털 경로를 좇을 것이다. 당신은 전통적인 매체, 신문 광고로 고객을 사로잡을 수 있는 기회를 얻게 되는 셈이다.

## 4. 전통적 방식에 디지털을 한꼬집을 더하면?

고객을 구매에 이르게 하는 고객 구매 과정 중 QR코드에 관해 이야기하지 않을 수 없다. 팬데믹 동안 QR코드는 다시 우리 일상에서 모습을 드러냈다. 이제 고객들은 QR코드 사용에 익숙해진 상태이니 우리는 빈틈없이 잘 짜인 접근 방식을 통해 더 많은 정보, 경연대회, 보상 프로그램을 고객에게 소개할 기회가 생겼다. 식상한 광고 대신 QR코드를 활용할 수 있는 창의적인 CTA를 만들어보라. 그리고 그 작업을 즐거운 마음으로 임하라. 만약 당신이 도넛 가게를 운영하고 있다면? 커다란 도넛 이미지가 들어간 인쇄물이나 옥외 광고에 이 질문을 던져라.

이때 광고에 함께 실은 QR코드를 촬영하면 당신이 판매하는 도 넛 중 먹을 때 가장 지저분해지는 도넛 세 종류를 보여주는 페이지로 이동한다. 맛과 재미를 동시에 잡은 광고다.

## 5. 고객의 발걸음에 레드카펫을 깔아라

우리 고객을 전통적인 광고에서 디지털 세계로 보내고 싶다면 고객이 마주할 페이지를 생각해보자. 우리는 매력적인 광고를 제작하기위해 열심히 노력해 왔다. 그런데 랜딩 페이지가 아무런 효과도 없는홈페이지라면 그동안의 노력은 물거품이 되고 말 것이다. 고객이 어디로 가야 할지 당연히 안다고 생각하지 마라.

## 6. 전통적 미디어의 성과를 측정하는 것은 디지털 도구다

전통적인 미디어의 성과 추적은 디지털에 비하면 어렵다. 그런 면에서 앞서 언급했던 QR코드는 영웅 대접을 받아 마땅할 정도다. 전통적인 플랫폼과 디지털 플랫폼 둘 다에 걸쳐 여러 캠페인을 운영할 때하나의 링크만 사용하는 경우 나중에 구글 애널리틱스를 검토해보면 각 랜딩 페이지로 이어지는 트래픽이 진짜 어디서 오는 건지 파악하기 어려울 수 있다. 그래서 서로 다른 캠페인과 미디어마다 맞춤형으로 추적할 수 있는 링크가 트래픽의 출처를 더 잘 이해하는 데 도움이 된다. '캠페인 URL 빌더Campaign URL Builder'를 검색하면 무료 혹은 저렴한 도구들을 찾을 수 있다.

## 7. 지역 방송 라디오를 활용하라

라디오 광고를 할 거라면 지역 방송국의 라디오에서 시작하라. 라디오 쇼 진행자 중 다수는 소셜 미디어에서도 유명한 경우가 많다. 내가 태어난 지역의 로컬 라디오 DJ 역시 그녀의 소셜 미디어 게시물을 통해 계속해서 사람들 사이에서 회자되고 있다. 일례로 그녀는 캐나다 앨버타주 에드먼턴의 영웅 격인 배우 나단 필리온Nathan Fillion을 기리기 위해 '나단 필리온 시빌리언 파빌리온Nathan Fillion Civilian Pavilion'을 건립하는 캠페인을 시작했다. 모두가 그 캠페인을 좋아했고, 심지어 시에서도 흥미를 보이며 1주일간 시청 건물 이름을 '나단 필리온 시빌리언 파빌리온'이라고 불렀다. 이처럼 지역 방송국 라디오의 영향력을 이용하는 것도 좋은 방법이다.

## 8. 홍보 부서와 광고비를 나누어 사용하라

거의 모든 라디오 방송국과 신문사에는 청취자나 독자를 늘리기 위한 이벤트와 전략을 고안하는 홍보 부서가 있다. 그런 부서 중 다수는 공동 홍보를 위한 예산도 배정되어 있다. 우리 비즈니스를 홍보하면서 동시에 미디어 채널에도 도움이 되는 홍보비를 유치할 방법은 없을지 생각해보라.

## 9. 지면 광고를 과소평가하지 마라

그룹이나 기업에서 어떤 정치인에 대한 의견을 게재하고 싶을 때 지지자 고객 커뮤니티와 논의할까? 그냥 대범한 성명서를 낼까? 바로 그들은 신문의 한 지면을 통째로 할애한 광고를 낸다.

　대부분의 기업이 신문이라는 오래된 매체로부터 분명 멀어지고 있긴 하지만 전체 지면 광고는 사람들의 관심을 끌고 다른 미디어에서도 인정하는 방법이다. 심지어는 소셜 미디어를 통해 전파되기도 한다. 왜 사람들은 지면 광고를 선택할까? 바로 흔하지 않기 때문이다. 오히려 큰 모험, 대범한 행동처럼 보이기까지 한다. 따라서 사람들은 그 광고가 전하는 메시지는 분명 들어볼 만한 가치가 있을 거라 짐작한다. 지면 광고는 고객에게 보내고 싶은 메시지로 한 페이지를 꽉 채운 편지와도 같다. 만약 당신이 지갑을 털어 지면 전체에 광고를 낸다면 과연 어떤 내용의 광고를 싣겠는가?

## 10. 특별한 아이디어는 결코 죽지 않는다

옥외 광고, 신문, 라디오. 세 가지 매체에 실을 수 있는 창의적 광고에 대한 몇 가지 구체적 아이디어를 다음과 같이 공유한다.

- 옥외 광고부터 시작해보자. 광고에 이미지 하나, 로고 하나 그리고 신선한 느낌의 단어 3개로 구성하라. 사람들이 우리 기업의 전화번호, 주소나 그 외 추가 정보를 찾을 거라 생각하는가? 그것보다 강렬하면서도 깔끔

한 메시지로 그들을 자극하라. 또한 디지털 광고판에도 일종의 프로그램을 짜서 하나 이상의 창의적인 광고 세트를 운영하는 아이디어도 생각해볼 수 있다. 휴가철, 특정 시간대, 날씨 등에 특화된 창의적인 광고를 기획하여 운영해보라.

- 신문이라는 매체를 대할 때 반드시 사각형 지면이라는 틀에 박혀 생각하지 마라. 신문 광고의 99.8%가 정사각형이거나 직사각형인 것은 맞다. 그렇다면 우리는 원을 시도해보자. 남과 차별화되도록 한 광고를 본 독자들이 QR코드를 통해 우리 고객이 되게 하라.

- 라디오 광고의 경우, 청취자의 다음 행동을 염두에 두고 그들에게 방향을 제시하라. 우리의 광고가 마음에 든 광고 청취자는 구글로 가서 우리의 이름을 검색할 것이다. 그리고 그것은 고객 구매 과정의 첫 발걸음이 될 수도 있다.

전통적인 미디어에 창의적 시도를 적용하는 것, 우리 비즈니스의 판도를 바꿀 수 있는 계기가 될 수 있다. 내가 제안한 아이디어가 여러분에게 도움이 되길 바란다.

# 25장

**판촉물**

# 우리가
# 하나씩은
# 가지고 있는 것

### 산디 로드리게즈
Sandee Rodriguez

산디 로드리게즈는 '디앤드에스 디자인(D and S Designs)'의 소유주이자 판촉물 마케팅 컨설턴트로 활동하고 있다. 또한 성공한 여성 설립자 등 고위 임원 리더십 단체인 'CEO 위원회(CEO Councils)'를 이끌고 있으며 '산디가 해결합니다(Sandee Solves)'의 설립자이자 사업 고문이기도 하다.

🌐 www.DandSdesigns.com/
www.SandeeSolves.com

광고 특전, 스웩swag, 머취merch. 이처럼 여러 다른 이름으로 불리는 판촉물은 가장 효과적이면서도 오래 가는 최고의 마케팅 형태 중 하나다. '판촉물 국제 협회PPAI, Promotional Products Association International'에서 실시한 업계 조사에 따르면

- 94%의 사람은 판촉물을 받는 것을 좋아한다.
- 83%는 판촉물 덕분에 해당 기업에 대한 고객 경험이 더 즐거워진다고 말했다.
- 88%의 사람이 대의를 추구하는 기업, 많은 소비자가 지지하는 기업의 브랜드 제품을 사용한다고 대답했다.
- 44%는 이름을 들어보지 못한 기업이라도 판촉물을 받으면 그 브랜드를 검색해 보거나 추후 해당 기업의 제품을 구매한다고 말했다.

하지만 판촉물은 올바르게 디자인되고 사용되었을 때만 효과를 발휘한다. 그렇다면 판촉물이 원하는 결과를 가져올 것인지 어떻게 알 수 있을까? 다음의 10가지 행동 방안을 고려하여 여러분의 홍보 마케팅 성공률을 끌어올려라.

## 1. 목적 : 이 판촉물은 왜 생겨났는가?

기업의 로고가 붙은 뭔가를 만들려고 돈을 쓰기 전에 질문해보자. 브랜드 인지도를 높이려 하는가? 아니면 고객의 브랜드 충성도를 강화하기 위함인가? 전시회 부스에 많은 사람이 방문하게 하려는 목적인가? 사람들이 들고 다니게끔 해서 우리 기업을 사람들에게 알리려는 목적인가? 당신이 판매하는 제품 뒤에 어떤 이야기가 숨어있는가?

## 2. 고객 : 판촉물을 받는 대상은 누구인가?

잠재 고객을 위한 홍보용 판촉물인가? 우수 고객에게 제공하는 감사의 선물인가? 뛰어난 성과를 낸 직원의 포상일 수도 있고 신규 입사자를 위한 굿즈 패키지일 수도 있다. 브랜드 인지도를 높이거나 후원사에 감사하기 위해 티셔츠를 제작해서 나눠줄 수도 있다. 당신이 나눠주는 그 판촉물을 누가 받는지 곰곰이 생각해보라. 최고의 효과로 더 현명한 선택을 하는 데 도움이 될 것이다.

## 3. 제작 타임라인 : 판촉물 제작에 얼마 정도가 걸리는가?

펜처럼 흔한 판촉물은 일반적으로 몇 주 정도면 작업이 가능하다. 하지만 더 맞춤화되고 독특한 무언가를 원한다면 6개월 이상 소요될 수도 있다. 연말은 판촉물 업계가 바쁜 시기라 제작 기간이 두세 배는 더 길어질 수 있다. 판촉물 제작은 당신이 원하는 타임라인에 맞는 판촉물을 선택해서 사전 제작하는 것이 핵심이다.

## 4. 위치: 냉장고 자석을 보고 피자를 주문하고 싶은 충동을 느낀 적이 있는가?

고객이 당신의 제품과 서비스를 가장 필요로 하는 때는 언제일까? 피자 가게 자석을 좋은 예로 들 수 있다. 피자 가게에 이상적인 판촉물 중 하나는 냉장고 자석이다. 사람들은 배가 고프면 먹을 걸 찾아서 냉장고로 향한다. 이때 마주치는 피자 가게 판촉물은 고객이 피자를 주문할 확률을 높인다. 카센터는 차량용 충전기, 열쇠고리, 컵 거치 홀더 등 차 안에 두고 쓰는 판촉물이 이상적이다. 이런 판촉물은 고객이 정보가 가장 필요할 시간과 장소에서 고객의 머릿속에 당신의 제품이 바로 떠오르도록 하는 데 도움이 된다.

## 5. 예산: 예산은 얼마인가?

판촉물을 제작하기 전 대부분은 예산부터 고민한다. 그러나 사실 적절한 판촉물은 모든 가격대에서 찾을 수 있다. 고객의 손에 우리 브랜드를 쥐여줄 수 있는데 예산이 적다고 주저할 것인가? 예산에 맞으면서도 효과 있는 판촉물 아이디어를 얻기 위해 판촉물 전문가와 상담하라. 그들은 업계 최신의 판촉물과 제공업체를 잘 알고 있어 우리에게 도움을 줄 것이다.

판촉물 국제 협회의 소비자 조사에 따르면 58%의 사람들이 판촉물의 퀄리티와 판촉물을 나눠준 업체의 평판을 동일시한다. 판촉물이 너무 저렴하면 당신도 타격을 입을 수 있단 사실을 염두에 두라.

## 6. 배포 : 언제, 어디서, 어떻게 판촉물을 나눠줄 예정인가?

오프라인 매장에서 제품을 구매하는 고객에게 사은품으로 전달할 것인가 아니면 온라인 주문 시 사은품으로 줄 것인가? 판촉물 홍보를 위해서는 추가 인력이나 장거리 이동 계획도 필요하다. 예를 들어 박람회에 전시 업체로 참가한다면 판촉물은 거의 필수다. 하지만 부피가 큰 아이템은 가져가는 데 힘이 들기 때문에 크기는 작으면서도 효과와 가치가 높은 판촉물을 선택하는 게 상식적이다. 로컬 고객들만 상대한다면 판촉물 배포에 더 많은 유연성이 있다. 한 예로 대출 업체를 운영하는 내 고객이 1.2미터짜리 지팡이를 판촉물로 제작했던 적이 있었다. 지역 박람회에 참가하면서 제한된 수량의 지팡이만 가지고 갔는데, 지팡이의 인기가 많아 곧 동이 났다고 한다. 지팡이 판촉물은 사람들로부터 많은 관심을 불러일으켰고, 대출 업체 사장은 자기 부스를 찾아오는 모든 이들과 자기 사무실로 방문해서 미팅할 약속을 잡았다. 이 판촉물 마케팅으로 그는 여태껏 박람회를 통해 역대 가장 많은 미팅 건수를 기록했다.

## 7. 유용성 : 어떤 판촉물이 고객에게 사랑받을까?

스트레스를 풀기 위해 주물럭거리는 장난감, 스트레스 볼은 다양하고 재미있는 크기로 만들 수 있어 실용성이 거의 없음에도 여전히 많은 사람이 선택하는 판촉물이다. 스트레스 볼은 10분 정도 사람들의 관심을 끌 수 있지만 장기적으로 볼 때 판촉물로서 가치가 없다. 결국 아이들 장난감이 되거나 서랍 어딘가에 처박히다가 결국 쓰레기통으로 향하게 된다. 판촉물은 실제로 오래 사용될 수 있는 가치를 가진 것이어야 좋다. 한 예로 20년 전 나는 판촉물로 비상약품 세트를 제작했다. 오늘날까지도 나는 다 쓴 비상약품은 꾸준히 채워가면서 그 비상약품 세트 상자를 몇 번이나 다시 사용하고 있다. 그때마다 매번 당시 판촉물을 의뢰했던 기업의 로고를 보게 된다. 이것이야말로 오래도록 지속되는 광고 효과가 아니겠는가?

## 8. 디자인 : 어떻게 만들어야 할까?

판촉물에 필요한 각인의 크기와 종류는 어떠한가? 작은 이미지 하나와 몇 안 되는 단어 정도만 프린트한다면, 거의 모든 종류의 판촉물에 잘 들어맞게 제작할 수 있다. 하지만 큰 로고와 많은 내용을 담으려면 생각보다 옵션이 많지 않을 수 있다. 그 경우 내 고객 다수는 극세사 의류를 선택했다. 한 아이템에 다양한 색상으로 인쇄할 수 있고 오랫동안 실용적으로 사용할 수 있기 때문이다.

## 9. CTA : 판촉물이 불러올 행동은 무엇일까?

판촉물이 불러올 최고의 결과는 이윤이다. 한 예로, 대학 틱톡 계정 팔로워 수를 늘리고 싶어 하는 고객에게 나는 대학의 로고를 넣은 고리 형태의 휴대용 조명 제작을 제안했다. 사람들은 그 조명을 사용할 때마다 대학의 틱톡 계정을 팔로우해야겠다고 생각할 것이다.

적절한 시기, 적절한 장소에 적절한 판촉물을 제작해서 배포하면 그 효과는 더욱 좋아진다. PPAI 조사 응답자의 약 50%가 소셜 미디어 계정 팔로우, 개인 소셜 미디어에 업로드, 제품이나 서비스에 대한 리뷰 작성, 설문이나 포커스 그룹에 피드백 제공, 경품 추첨 참여혹은 회사나 브랜드로부터 한정판 판촉물을 무료로 받기 위해 제품을 구매하거나 서비스에 가입하는 것으로 나타났다. 가치 있는 선물을 제공하면 호혜의 감정이 들기 시작한다. 그리고 사람들은 자신이 받은 호의에 보답할 것이다.

## 10. 효과 : 우리 기업에 어떤 영향을 미칠까?

디지털 마케팅이 난무하는 세상에서 실제로 판촉물을 발송한다면 단연 돋보일 수 있다. 조사 응답자의 약 85%가 이메일이나 단순 우편물보다는 판촉물 택배를 받는 데 동의하거나 매우 동의하는 것으로 나타났다. 우편함에서 뜻밖의 선물을 열어 보길 싫어하는 사람이누가 있을까? 판촉물을 잘 선택하라. 그 선물이 디지털 광고보다 훨씬 더 많은 효과를 갖고 올지도 모른다.

# 26장

## 전략적 커뮤니케이션

# 커뮤니케이션은 기술이다

## 다니엘 네슬레
### Daniel Nestle

다니엘 네슬레는 기업 커뮤니케이션 및 마케팅 혁신 분야에서 수상 경력에 빛나는 전문가로 북미 지역에서 일본계 제조 및 소매 기업의 커뮤니케이션 부문 수장으로 일하고 있다. 인간이 지닌 호기심과 대화의 힘을 믿는 그는 격주로 '댄 네슬레 쇼(The Dan Nestle Show)'라는 팟캐스트를 운영하고 있다. 혹은 팟캐스트 제공 플랫폼이면 어디서든 그의 팟캐스트 청취가 가능하다.

🌐 dannestle.show

글로벌 PR 기업 에델만에서는 사회 기관에 대한 신뢰도를 조사하는 대표 조사 리포트 '에델만 신뢰도 지표 조사Edelman Trust Barometer'를 매년 발표한다.[38] 28개국의 3만 6천 명이 넘는 설문 응답자로부터 얻은 데이터에 따르면 미디어와 정부에 대한 신뢰도는 낮아지고 있는 것으로 나타났다. 하지만 한 가닥 빛이 되는 결과가 있다면 타 기관에 비해 '기업 신뢰도'는 높다는 점이다.

사람들은 믿을 만한 기업이 리더십을 가지고 앞으로 나아갈 길을 안내하길 기대한다. 만약 기업이 고객에게 신뢰를 얻을 수 있다면 고객을 유치하고, 브랜드를 강화하고, 고객 및 직원과 오래도록 지속되는 관계를 형성할 수 있을 것이다. 그렇다면 과연 신뢰는 어떻게 쌓을 수 있을까? 신뢰 형성에 도움을 주기 위해 존재하는 것이 바로, 전략적 커뮤니케이션strategic communications 이다. 전략적 커뮤니케이션 혹은 '컴스comms'는 대민 홍보PR, public relations, 대정부 관계GR, government relations, 대투자가 홍보IR, investor relations를 포함하는 전문 영역을 의미한다. 전략적 커뮤니케이션은 여러분의 고객 사이에 신뢰를 형성하여 깊어지도록 함으로써 여러분의 평판과 고객 관계를 개선하고 보호한다. 시장 내 높은 지위를 얻고 유지하기 위한 10가지 커뮤니케이션 방법을 여러분과 공유한다.

## 1. 신뢰는 소통의 기본이다

신뢰는 진실성, 정직, 믿음, 권위 등 추상적 개념으로 구성된다. 하지만 더 깊이 들여다보면 신뢰는 너무나도 눈에 보이는 구체적 행동으로 나타난다는 걸 알 수 있다. 자신이 하겠다고 말한 바를 실천하는 사람, 약속을 지키고 근거 있는 주장을 제기하는 사람, 자신이 소중히 여기는 가치를 따르는 삶을 살고 다른 사람을 존경과 친절로 대하는 사람. 일반적으로 이런 사람들이 신뢰를 얻을 가능성이 크다. 그리고 이는 기업과 브랜드도 마찬가지다.

## 2. 이해 관계자를 주목하라

제품과 서비스를 구매하는 건 고객이기에 고객을 주된 이해 관계로 생각하기 쉽다. 하지만 주요 이해 관계자에는 기관 투자자, 주주, 이사회 임원, 정부 기관, 당선된 공직자, NGO, 기자, 직원이 포함된다. 비즈니스 소유주로서 당신은 이 모든 관계를 관리해야 한다. 이 중 일부 관계는 시간이 지날수록 고객보다 더 중요해질 수도 있다.

이해 관계자 자본주의란 기업이 주주의 이익뿐만 아니라 사회적 공영을 이루는 데 책임이 있다는 개념이다. 상장 기업의 경우 이해 관계자 자본주의 실천 상황을 ESG(환경, 사회, 지배구조) 보고서를 통해 알린다. 하지만 규모가 작은 기업이나 1인 기업도 환경과 기업에 미치는 영향이 무엇인지 면밀하게 조사한다. 고객의 구매 과정에서 크게 동떨어져 있는 것으로 보이는 마케팅 대상들도 여러분의 탄소 발자국, 인권에 대한 태도, 다양성, 평등, 포용DEI, diversity-equity-inclusion에 대한 접근 방식 혹은 특정 국가 내 비즈니스 운영에 관한 결정을 문제 삼아 당신에게 영향을 미치거나 심지어 적대적 관계의 인플루언서가 될 수 있다. 문제가 되는 이슈들을 해결하기 위해 당신이 무엇을 하고 있는지 보여주어라. 그러면 그들도 당신의 입장을 이해할 것이다.

## 3. 직원과 친밀한 관계를 유지하자

직원이 고용주와 신뢰하는 관계가 되면 과연 어떤 일이 일어날까? 당신을 신뢰하는 그들은 고용주인 당신과 함께 일하는 것이 얼마나 멋진 일인지 이야기할 것이다. 기업의 제품과 서비스에 대해 즐거워하고 친구에게 회사 소식을 전하며 소셜 미디어에 게시물을 업로드할 그들을 떠올려보라. 직원은 기업을 옹호하며 브랜드를 전도하는 열렬한 지지자가 될 것이다. 직원이 5명이건 5,000명이건 관계없다. 그들에게 동기를 부여하고 에너지를 실어주기 위해 당신이 할 수 있는 아마도 가장 중요한 일은 바로 그들과 소통하는 일이다. 회사는 동기부여된 직원들과 함께 급성장할 수도 있지만 높은 이직률과 낮은 생산성으로 위축되다가 사라져 버릴 수 있다. 당신에게 달린 문제다.

직원과의 커뮤니케이션은 저비용, 고수익 활동이다. 첫째로 이메일이나 문자 메시지로 연락할 수 있는 직원 연락처를 가지고 있는

한 그들과 소통할 수 있다. 하지만 슬랙slack, 마이크로소프트 팀즈 Microsoft teams, 디스코드discord 등 실시간 업무 커뮤니케이션 플랫폼을 이용하면 일방적 정보 전달이 아닌 쌍방향 대화가 가능하다. 대화는 친근감, 관계, 신뢰를 구축할 것이고, 특히 조직을 이끄는 수장이 조직원의 대화에 참여하는 경우 더욱 그러하다.

## 4. 고객과 같은 곳을 바라보며 대화하자

위와 같이 기업과 브랜드를 옹호하는 커뮤니티를 형성해 내부 신뢰를 높이는 전략은 타 이해 관계자 그룹에도 적용할 수 있다. 거래만을 위해 이어지는 형식적 대화는 기다림의 연속이다. 하지만 고객에 대한 이해를 목표로 하는 대화는 감정적 유대를 형성하며 인간 사이 친밀감이 쌓인다.

당신이 자랑하는 권위나 높은 신뢰도를 가진 주제에 관한 게시물, 당신이 지지하는 이슈에 관한 게시물, 당신의 기사 중 하나에 대한 코멘트 등으로 대화를 시작해보라. 이것이 바로 고객의 희망, 니즈, 우려가 우리 조직의 목표와 어떻게 부합할 수 있을지 이해하는 것이 매우 중요한 이유다. 마케터는 아마 기업이 제공하는 제품 솔루션과 고객의 문제가 어떻게 잘 맞아떨어질 수 있을지 알고 싶겠지만 일단 중요한 사항부터 짚고 넘어가야 한다. 바로, 고객이 기업이 지지하는 바가 같다면 고객은 문제 해결을 기업에 맡길 가능성이 훨씬 크다는 점이다.

## 5. 커뮤니케이션 기술, 컴테크가 온다

마케터에게 마케팅 대상의 인사이트와 분석 도구, 소셜 리스닝, 콘텐츠 관리와 배포 플랫폼, 측정 및 분석 보고 도구는 익숙하다. 그리고 이 모든 도구는 다양한 이해 관계자 그룹에 다가가는 데 필요하다. 이 도구들을 사용하되 일반적으로 고객에게 제공하는 경험, 콘텐츠와는 다른 경험을 제공하면 이해 관계자와 신뢰를 쌓을 수 있다.

무엇이 제품 구매를 유발하는지로 고객을 파악하는 대신, 회사의 환경 프로그램이나 다양성 및 포용성에 대한 접근 방식에 '공감'하는 이들을 찾아보라. 마테크marketing technology(마케팅 기술)가 아니라, 컴테크communication technology(커뮤니케이션 기술) 도구를 사용하여 이해 관계자들의 다양한 과정을 추적해보라. 고객의 구매 과정을 따라가는 것과 거의 유사한 모습이란 걸 깨닫게 될 것이다.

## 6. 데이터의 도움을 받되 진심으로 이야기하라

컴테크가 이해 관계자의 관심사, 습관, 행동을 더 깊이 이해하게 한다면 일부 도구는 콘텐츠와 주제가 가진 연관성에 대해 심도 있는 분석이 가능하게 한다. 그리고 분석에서 얻어낸 데이터는 이해 관계자 중심의 주제에 초점을 맞출 수 있는 기준이 된다.

하지만 데이터는 감정적인 연결이 불가능하다는 것을 잊지 마라. 상대가 진짜 인간이라면 상대의 관심을 얻는 가장 좋은 방법은 바로 이야기 들려주기다. 스토리텔링 기술 지식은 상황 설정, 갈등, 해결의 핵심요소가 있다. 기본적으로 '그리고-그러나-따라서'로 구성한다면 읽는 사람에게도 쓰는 사람에게도 좋다.

> 기술은 위대하다. 그러나 사람과 감정적으로 연결될 순 없다. 이것이 바로 이야기가 필요한 이유다.

## 7. 고객의 감정을 추적하라

소셜 리스닝으로 수집한 데이터의 또 다른 중요 활용 분야는 바로 감정 분석이다. 현실적으로 감정에 대한 기계적 이해는 아직 과학이라기보다는 예술에 가깝다. 하지만 AI를 활용한 소셜 리스닝 플랫폼은 꾸준히 학습하고 발전하고 있다. 점차 그 정확도는 향상되고 있으며 이는 기업에 가치 있는 인사이트를 제공할 것이다. 앞으로 기업은 실시간으로 기업의 지지자, 팬, 잠재 인플루언서를 파악하고 기업의 평판에 위협이 되는 요소가 예상되면 위협을 처리할 시간을 벌 수도 있다.

## 8. 위기를 헤쳐나가는 것도 능력이다

위기를 막는 것은 불가능하다. 하지만 상황이 더 나빠지는 일을 막거나 회복 속도를 빠르게 할 수 있다. 위기가 닥쳤을 때 필요한 건 적절한 소통이다. 최고의 커뮤니케이션 전략은 신뢰 구축 혹은 회복을 목표로 한다. 가장 효과적인 위기 상황 시 커뮤니케이션 방법은 바로 침착한 상태를 유지하는 것이다. 말하기 전, 잠시 멈추어 생각하고 진실이 규명되도록 기다려라. 그렇다고 모든 위기 상황이 마음 챙김과 상식만으로 해결되지 않는다. 범죄 행위, 모든 종류의 괴롭힘이나 차별, 직장 내 사고나 그 외 예측하지 못한 사고는 기업의 비즈니스, 기업 소유주의 생계를 합법적으로 위협하는 요인이 된다. 이런 상황에서는 법적 도움을 구하거나 사내 법무팀과 협업하여 앞으로 나아갈 방향을 결정해야 한다.

## 9. 스스로 뉴스가 되어라

조직 내에서 전략적으로 미디어와 관계 맺는 일을 아우르는 '언론 관계media relation'가 PRpublic relation과 동의어이던 시절이 있었다. PR팀은 언론 보도 분량을 확보하고 보도 자료를 발표하기 위해 존재했다. 그리고 언론 관계는 여전히 PR팀의 중요한 커뮤니케이션 기능으로 남아있다.

하지만 언론 관계는 과거만큼 성공적으로 이루어지지 못하고 있다. 지지자와 구독자 확보를 위해 경쟁하는 채널이 거의 무한에 가까운 상황에서 기삿거리를 취재하는 기자의 수는 예전보다 줄어들었다. 이제는 우리 기업의 스토리가 언론에 보도되려면 정말 운이 좋아야 한다. 당신의 소셜 미디어 채널 전체에 스토리를 만들어 공유하고 뉴스레터를 발송하라. 자기만의 보도 자료를 작성해서 이곳저곳에 알리는 것도 좋다. 언론의 주목을 받지 못한다면 스스로 언론이 되면 된다. 어차피 사람들은 언론보다 당신을 더 신뢰할 것이다.

## 10. 신뢰와 명성을 쌓는 일은 끝나지 않는 긴 여정이다

당신의 마케팅에 적절한 커뮤니케이션 전략은 확실한 효과를 가져올 것이다. 고객이 여러분의 기업을 알아가고 신뢰하게 되며, 궁극적으로 여러분의 기업과 함께해야겠다는 확신을 얻으리라 장담한다. 더 나아가서는 고객의 신뢰를 얻고 기업의 명성을 쌓으면 이해 관계자들은 당신의 브랜드에 꾸준히 관심을 보일 것이고 브랜드 충성도를 유지할 수 있다.

# 27장

**WOMM**

# 입에서 입으로 전해지는 힘

### 잭 세이퍼트
Zack Seipert

잭 세이퍼트는 마케팅으로 다룰 수 있는 모든 분야에 대해 평생 배우며 살고 있는 학생이다. 유타 밸리 대학에서 디지털 마케팅 학사 학위를 취득한 그는 현재 아내 리제트(Lissette)와 노아(Noah), 루나(Luna)라는 자녀 둘과 함께 유타주 샌터퀸(Santaquin)에서 거주하고 있다. 잭 세이퍼트의 링크드인 계정은 zack-seipert이다.

입소문은 어디나 존재한다. 친구에게 좋아하는 식당을 공유한 적이 있는가? 휴가를 계획하고 있는 누군가에게 반드시 가봐야 할 관광지를 추천한 적이 있는가? 이것이 바로 입소문 마케팅WOMM, word of mouth marketing이다. 친구, 가족, 심지어 모르는 사람 사이에서 매일 이루어지는 아이디어 공유, 브랜드 언급, 제품 추천까지 모두 다.

입소문 마케팅은 오래전부터 존재했다. 하지만 오늘날 우리가 알고 있는 WOMM의 개념은 뛰어난 마케팅 전문가 에드 켈러Ed Keller가 발표한 획기적인 연구 결과로 이해된다.[39] 그는 입소문 마케팅을 이끄는 대화는 인구 중 약 10% 정도에 해당하는 소수의 강력한 집단에서 발생한다고 밝혔으며 그 집단을 '입소문 전파자Conversation Catalysts'라 일컬었다. 평균적으로 입소문 전파자들은 아홉 명의 다른 사람들에게 이야기를 전달한다. 사람들은 모이길 좋아하고 구매 결정을 내려야 할 때(특히 값비싼 물건일수록) 타인의 의견에 가중치를 둔다. 이것이 바로 입소문이 그토록 중요하고 또 영향력 있는 이유다. 마케팅 전략에서 WOMM과 그 중요성을 더 잘 이해할 수 있는 10가지 팁을 준비했다.

## 1. 고객에게 가치 있는 이야기인가?

그저그런 경험을 이야기하는 사람은 없다. 평범한 일은 누구도 언급하지 않는다. 입소문 마케팅 관련 서적의 저자인 제이 배어Jay Baer는 "똑같은 건 설득력이 없다……(인간으로서). 우리는 일반적이고 평범한 건 무시하고 뭔가 다른 것에 대해서는 논의하도록 설계되어 있다"라고 말하기도 했다.[40] 내가 제안하는 간단한 WOMM 공식이 있다. 경쟁을 위해 뭔가 다른 행동을 할 것, 고객들이 그 차이점을 알아차리도록 하고 공유하도록 할 것 그리고 이걸 반복하라. WOMM은 말 그대로 입에서 입으로 전해지지만 전해지는 이야기의 내용이 사람들에게 얼마나 흥미롭고 공감이 가는 진실한 스토리인지가 중요하다. 그리고 그 이야기가 우리의 성공을 좌우할 것이다.

## 2. 설문조사나 인터뷰를 활용하자

고객의 소리를 듣고 메모하고 질문하라. 고객은 왜 경쟁사가 아닌 우리를 선택했을까? 가격? 훌륭한 고객 서비스 혹은 완전히 다른 그 어떤 것 때문일지도 모른다. 왜 고객들이 경쟁사 대신 우리 기업을 선택하는지를 명확하게 알 수 있다면 우리 기업이 더 배워야 할 부분은 무엇인지 혹은 당신의 브랜드가 더 입소문을 탈 수 있도록 개선할 수 있는 부분은 무엇인지 파악할 수 있다. 고객의 소리를 가장 가까운 곳에서 들을 수 있는 설문조사나 인터뷰는 우리 마케팅에 큰 도움이 될 것이다.

### 3. 고객 접점은 입소문을 실어 나르는 수단이다

고객과의 접점은 고객과 브랜드 간 하나의 상호작용에 해당한다. 예를 들어 접점에는 온라인 리뷰나 추천 글, 온라인이나 오프라인 매장, 웹사이트, 고객 서비스, 제품 포장 등이 포함된다. 입소문이 날 만한 요소를 고객 접점에 전략적으로 심어 넣으면 우리 기업에 유리한 대화를 이끌어낼 수 있다. 그리고 이런 고객 접점을 결국에는 개인화할 수 있어야 한다. 고객 접점 개인화를 슬기롭게 잘 다룬 예는 코카콜라의 '마음을 전해요Share a Coke' 캠페인이다. 콜라, 다이어트 콜라, 제로 콜라병 위의 상징적인 코카콜라 로고를 '코카콜라로 OO에게 마음을 전해요'라는 문구로 대체함으로써 코카콜라는 평범할 수 있던 제품을 고객에게 고도로 개인화된 제품을 제공할 수 있었다.

### 4. 입소문 마케팅은 이목을 끌기 위한 전략이 아니다

많은 사람이 홍보 전략을 입소문 마케팅과 혼동한다. 이목을 끌기 위한 행동, 게임, 술책은 WOMM 전략이 아니다. 우리는 대화를 위한 대화를 억지로 조장하거나 '큰 화제'가 되기 위해 노력하지 않는다. 우리가 입소문이 발생하고 퍼지는 시스템을 속일 순 없다. 만약 그런 홍보 전략으로부터 어떤 결과가 나온다 한들 그 결과는 오래 가지 못한다는 것을 알고 있다. 입소문을 통한 추천은 추천한 사람과 직접적으로 연관되어 있고 어느 정도 수준의 신뢰가 담겨있다. 오랜 기간에 걸쳐 꾸준히 노력해야만 성공할 수 있다. 기업의 목적과 가치에 올바르게 부합하는 WOMM 전략은 앞으로 수년간의 신규 고객 확보를 보장해 줄 것이다.

## 5. 입소문의 효과 측정은 매우 어렵다

간단한 실험을 하나 해보자. 휴대전화를 꺼내 이메일, 문자, 메시지 앱들을 살펴보라. 최근 지인에게 추천했거나 공유했던 제품, 브랜드, 서비스는 몇 개나 되는가? 유명한 작가 피터 드러커Peter Drucker는 말했다.

> 당신이 측정하지 못하는 건 관리할 수 없다.

입소문은 직접 측정이 어렵다. 대부분 대화가 오프라인에서 이루어지거나 슬랙, 이메일, 디스코드, 문자 메시지 등 '다크 소셜dark social'이라 불리는 공간에서 진행되기 때문이다. 리듬원RhythmOne이라는 마케팅 업체는 온라인 공유의 약 84%가 다크 소셜에서 이루어지기 때문에 소셜 리스닝 도구로 추적하기 어렵다고 추정했다.

## 6. 인플루언서 마케팅은 입소문 마케팅이 아니다

입소문 마케팅과 인플루언서 마케팅은 엄연히 다르다. 두 마케팅이 매우 유사하긴 하다. 하지만 인플루언서는 자신이 입소문 전파자라고 생각하기 때문에 어디서든 찾아내기 쉽다는 점이 다르다. 보통 그들은 당신과 협업하는 대가로 상호 이득이 되는 제품 샘플이나 독점 콘텐츠 혹은 금전적 대가를 요구한다. 반면 WOMM 마케팅은 다르다. 만약 당신이 진정성 있고 흥미로우며 사람들의 공감을 끌어내는 이야기를 공개하면 입소문 전파자들이 당신을 찾아내 이야기를 퍼뜨려 줄 것이다.

## 7. 기억에 남을 만한 고객 경험을 만들어라

사람들은 자기가 한 경험을 나누길 좋아한다. 고객은 자기를 기쁘게 한 경험을 준 기업과 브랜드에 관한 이야기를 기꺼이 퍼뜨려 준다. 고객 경험이 공유할 만하다고 판단되려면 연관성, 재미, 의미라는 세 가지 요소가 포함되어야 한다. 가치 있는 고객 경험은 입소문 마케팅의 성공으로 이어지는 하나의 전략이다.

## 8. 사용자 생성 콘텐츠UGC를 활용하라

고객에게 공유를 권장하는 것이 기업의 이야기를 효율적으로 퍼뜨리는 방법이다. 고객이 바로 기업의 마케터가 되는 셈이다. 우리 기업의 콘텐츠를 유기적으로 퍼뜨려 주는 이들을 집중 조명하고 보상을 제공하라. 자기가 중요하게 여기는 브랜드에서 공식적으로 자신을 인정해 준다는 사실을 알게 되면 그 고객은 해당 브랜드의 콘텐츠를 다시 한번 널리 알려줄 가능성이 높다.

## 9. 입소문은 양날의 검이다

입소문에는 당연히 부정적인 부분도 있다. 고객은 브랜드에 관해 긍정적인 경험, 이야기, 정보를 공유하는 것과 마찬가지로 부정적인 이야기, 정보, 경험도 빠른 속도로 퍼뜨린다. '퍼스트 파이낸셜 트레이닝 서비스First Financial Training Services'와 '백악관 소비자 담당국White House Office of Consumer Affairs'에 따르면 기업에 불만족한 고객 중 최대 96%는 해당 기업에 직접 불만을 표하지 않는 대신, 평균 12명의 사람과 부정적인 경험을 공유한다고 한다.[41]

## 10. 입소문 마케팅은 영원히 우리와 함께 할 것이다

입소문 마케팅은 수백 년간 우리 곁에 존재했고 앞으로도 그럴 것이다. 소비자들이 생각과 경험을 공유하는 채널과 매체는 더 변화할 것이기 때문이다. 웹3, NFT, 메타버스 등 기술의 진보가 기업의 WOMM 전략에 어떤 영향을 미치게 될까? 이 신기술을 실험하고 시험해보라. 그렇지만 빛나는 신기술이나 마케팅 채널 하나하나에 덥석 빠져들진 말길 바란다.

# 28장

## 커뮤니티

# 커뮤니티,
# 마케팅 그 이상이
# 되다

### 피오나 루카스
Fiona Lucas

피오나 루카스는 소셜 미디어 전략가, 온라인 커뮤
니티 컨설턴트, 강연가이자 『자녀의 미래를 보장
하라 : 소셜 미디어라는 놀이터에서 자녀를 보호
하는 법(Futureproof Your Kids : Protecting your
children in the social media playground)』의 저자
이다.

🌐 www.filucas.online /
www.irespectonline.com

오늘날 마케팅 세상에서 브랜드, 기업 충성도는 사실 찾아보기 어렵다. 기업을 둘러싼 하나의 커뮤니티가 생성되면 기업은 커뮤니티 구성원에게 소속감을 제공하고 신뢰를 구축하며 마케팅 대상이 되는 고객으로부터 배우고 충성도라는 희귀 아이템을 갖게 된다. 커뮤니티는 공통 관심사, 위치, 주변 환경, 행동의 필요성 그리고 배움 욕구라는 다섯 개의 핵심 요소로 구성된다. 이 요소를 포함한 게 하나든 여러 개든 커뮤니티는 형성되며 커뮤니티의 성공에 투자한 사람과 함께 끝을 맺는다.

커뮤니티 형성은 장기적 전략의 일부다. 빠르게 상품을 판매하거나 일방적으로 대화를 이끄는 전략이 아니라는 점이 커뮤니티 마케팅의 핵심이다. 커뮤니티는 모든 이해 관계자들을 위한 자원을 제공한다. 당신이 소규모 비즈니스를 운영하건 대기업을 소유하건 스타트업을 차렸건 관계없이 커뮤니티를 형성하면 정보 공유, 구성원으로부터 배울 기회, 모든 관계자의 참여를 독려할 기회가 주어진다.

커뮤니티 형성의 가치에 대해 배우고 어떻게 커뮤니티 형성을 시작하면 좋을지에 관한 10가지 팁을 다음과 같이 공유한다.

## 1. '왜'라는 질문에서 시작하라

커뮤니티가 성공하려면 결코 콘텐츠를 강제로 배포하거나 직접 판매를 유도하기 위한 장소가 되어서는 안 된다. 인간 중심의 초점을 둔 커뮤니티를 만들어야 한다. 커뮤니티는 각 구성원이 스스로 소중한 대접을 받고 동등한 위치라는 느낌을 받도록 하는 포용적 문화를 갖추어야 한다. 커뮤니티 마케팅은 목표와 가이드라인, 원하는 성과 설정이 반드시 선행된 전략이 필요하다. 왜 커뮤니티를 형성하고 싶은지, 커뮤니티를 통해 구성원과 비즈니스에 어떤 가치를 얻을 수 있길 바라는지 등을 스스로에게 질문해보자.

- 커뮤니티가 나의 사업에 가져올 가치를 이해하고 있는가?
- 커뮤니티의 니즈를 충족시킬 준비가 되어 있는가?
- 커뮤니티 형성에 시간과 자원을 투자할 준비가 되어 있는가?

## 2. 적절한 플랫폼은 어디일까?

우리 커뮤니티의 잠재 구성원들은 주로 어디서 시간을 보내는지 고민해보고 우리의 거처를 결정하자. 당신은 그들에게 어떤 혜택을 제공하고 싶은가? 종종 기업들은 페이스북, 링크드인에서 제공되는 그룹 기능을 먼저 떠올리곤 하지만 그 기능을 통해 제공할 수 있는 혜택은 제한적이다. 그런 소셜 미디어 플랫폼을 사용하길 원치 않는 사람도 있을 수 있다.

일반적인 소셜 미디어 플랫폼 외에 독립적으로 운영되는 커뮤니티 플랫폼도 많다. 당신과 함께 성장할 수 있는 커뮤니티 기능을 지닌 플랫폼, 라이브 이벤트, VR 이벤트, 그 외 다른 활동들을 주최할 수 있는 새로운 기술이 도입된 플랫폼을 찾아보자. 주제별로 섹션을 나누어 더 심도 있고 중요한 논의와 상호작용을 유도할 수 있는 기능이 있는 플랫폼을 선택하라. 다른 기능으로는 실시간 채팅, 게임화, 협업 도구, AI의 활용 등도 있으면 좋다. 플랫폼을 선택할 때 플랫폼 운영과 관리의 용이함, 보안 보장 등도 중점적으로 살펴보아야 한다.

## 3. 활발한 커뮤니티는 좋은 인상을 가져온다

커뮤니티의 활발한 활동은 고객 충성도를 높이는 데에 도움이 될 수 있다. 팀 전체가 커뮤니티에 투자하는 모습을 보이면 그 즉시 신뢰, 존경, 공감을 얻어낼 수 있는 무대가 마련되는 것이나 다름없다. 이때 활동은 모든 이해 관계자의 목표 달성을 지지해야 한다. 이해 관계자는 고위 경영진부터 비즈니스 소유주, 관리자, 투자자부터 직원과 그 외 참가자까지 포함된다.

## 4. 커뮤니티를 어떻게 관리할 것인가?

커뮤니티 구성원을 위해 분명한 가이드라인을 정하고 커뮤니티 관리자를 임명하라. 커뮤니티 관리자는 소셜 미디어 관리자와 엄연히 다르다. 초점을 콘텐츠 업로드에 맞추지 말고 커뮤니티 내 네트워킹, 연결, 공유, 가치 찾기를 위해 구성원을 지원하고 편의를 제공하는 데 맞춰야 한다.

커뮤니티 관리자는 운영자를 지원하며 커뮤니티를 위한 가이드라인을 잘 유지해야 한다. 커뮤니티가 성장하고 구성원들이 커뮤니티에 깊이 동화될수록 잠재력 있는 홍보대사와 자발적 운영자가 등장할 것이다. 검증되지 않은 대규모 프로그램을 운영하기보다는 뛰어난 성과를 보이는 이들에게 직접 다가가는 방식을 써서 홍보대사에게 부드럽게 접근할 수 있도록 하라.

## 5. 탄탄한 콘텐츠 경험을 제공하라

커뮤니티에서 제공하는 콘텐츠는 구성원에게 단순히 정보 이상의 무엇을 전달해야 한다. 구성원의 니즈를 적극적으로 경청하고 커뮤니티가 스스로 콘텐츠를 생성하고 추가하는 기회, 콘텐츠뿐만 아니라 타 구성원과 관계를 맺을 기회를 제공하라.

커뮤니티 콘텐츠를 생성할 때, 고려해야 할 세 가지 질문이 있다.

- 공감대를 형성하는 콘텐츠인가?
- 호기심을 자아내는가?
- 구성원에게 전하려는 가치를 아우르고 있는가?

다음의 조건을 갖춘 커뮤니티 콘텐츠를 생성하라. 또 다양한 경험을 위해 혁신적인 방법을 채택하는 것도 좋다. 동영상, 라이브 채팅, 특별 행사, 가상 현실/메타버스 룸, 공유 프로젝트, 직접 체험 기회 등이 해당된다. 이런 다양성이 바로 구성원의 참여를 오래 유지할 수 있는 열쇠다!

## 6. 커뮤니티는 훌륭한 인재 발굴소다

커뮤니티 내에서 훌륭한 인재를 육성해 사업의 성장 기회를 키워라. 당신의 팀으로 영입할 새로운 인재를 찾고 있건, 몰입도 높은 경험을 통해 기존 직원에게 계발의 기회를 주건, 마케팅 콘텐츠에 관심을 보인 고객에게 제품 테스트의 기회나 협업의 기회를 주건, 한 기업을 둘러싸고 형성된 커뮤니티는 매우 특별한 잠재력을 가진다. 이 책의 저자, 마크 W. 셰퍼가 육성하는 라이즈 커뮤니티가 훌륭한 예다. 그는 서로 마음이 맞는 마케팅 전문가를 디스코드로 한데 모았으며 그들은 모두 웹3에 대해 배우는 데 투자했다는 공통점이 있다. 마크는 커뮤니티 구성원이 메타버스에서 만나는 실험적인 모임을 하고, 해당 분야의 전문가들이 진행하는 웨비나를 커뮤니티 구성원에게만 독점적으로 제공하는 등 여러 프로젝트에 함께 참여할 수 있도록 했다. 그리고 여러분이 지금 읽고 있는 이 책을 함께 만드는 공동 프로젝트를 진행하기도 했다. 이것이야말로 비할 데 없이 훌륭한 커뮤니티 경험이지 않은가! 이제 당신의 차례다.

## 7. 커뮤니티에서 한 발 물러나 배워라

커뮤니티를 자세히 살펴보면 이해 관계자들이 우리 기업으로부터 무엇을 원하는지 배울 수 있다. 당신은 그 기회를 활용하면 된다. 커뮤니티의 소유권을 커뮤니티 구성원에게 위임해 구성원이 커뮤니티를 이끌도록 하라. 그리고 그들에게 제품과 서비스 실험, 디자인, 제작에 참여할 기회를 주고 지식을 공유하라. 메타버스로 만난 라이즈 커뮤니티에서는 한 구성원이 다른 구성원에게 발표하는 기회가 있었다. 이 발표 활동은 온전히 커뮤니티 구성원의 결정하에 진행된 것이며 커뮤니티 내 학습에 초점을 맞춘 것이었다.

## 8. 커뮤니티 '잠복 세력'에게 관심을 기울여라

모든 커뮤니티에는 듣고, 보고, 읽지만 참여는 하지 않는 '잠복 세력'이 존재하기 마련이다. 이런 잠복 세력 역시 커뮤니티에 중요한 부분이므로 그들에게도 관심을 기울이길 바란다. 그들은 아직 이바지할 만한 지식이나 자신감이 없다고 생각할 수도 있고, 커뮤니티에 참여할 시간이 부족할 수도 있다. 직접 참여하지 않는 그들에게 다가가는 행동은 그들도 가치 있는 존재란 사실을 일깨워 준다. 가장 쉽고 효과적인 방법은 설문조사 등을 통해 '플랫폼에서 벗어난' 방식으로 참여할 수 있도록 하는 것이다. 그리하면 당신은 커뮤니티가 어떻게 운영되어야 할지 새로운 시각으로 바라볼 수 있다.

## 9. 커뮤니티는 고객 서비스가 아니다

브랜드나 비즈니스 기반 커뮤니티를 기술, 고객 지원 혹은 세일즈 기능과 분리하라. 건강한 커뮤니티는 문제, CTA에는 관심을 거의 쓰지 않는 반면에 커뮤니티 구성원 사이의 연결, 소속감과 존경심 기르기에 더 많은 초점을 맞춘다. 규모가 크지만 활발하지 않은 커뮤니티보다 크기는 작아도 참여도가 높은 커뮤니티가 낫다.

구성원의 콘텐츠 참여도, 콘텐츠 공유, 브랜드 메시지에 대한 커뮤니티 외부에서 진행되는 소셜 리스닝 측정 등 모두 커뮤니티의 성과를 측정하는 분석 매트릭스가 된다. 커뮤니티가 낼 수 있는 최고의 성과는 커뮤니티 구성원이 우리 브랜드에 관한 애정을 커뮤니티 외부에서 공유할 때 달성된다.

## 10. 마케팅, 그 이상을 목표로 하라

커뮤니티는 당신의 비즈니스가 지니는 사회적 영향과 거버넌스에 대해 이해 관계자들을 교육할 수 있는 완벽한 장소다. 커뮤니티는 일반적인 마케팅 방식에서는 종종 생략되는 투명성과 솔직함이 지켜질 수 있는 곳이다. 신규 벤처 기업의 경우, 아이디어나 결정 등에 대한 반응 테스트를 커뮤니티로 진행할 수 있고, 심지어 스타트업이 생기는 하나의 플랫폼과 같은 역할을 할 수도 있다. 커뮤니티를 포용하라, 그러면 당신의 비즈니스에 밝은 미래가 펼쳐질 것이다.

# PART 5

# 다음엔 어떤 새로운 것이 등장할까?

# 29장

## 퍼스널 브랜딩

# 사람들은
# 우리를
# 어떻게 보는가?

### 마크 W. 셰퍼
Mark W. Schaefer

마크 W. 셰퍼는 비즈니스 컨설턴트, 교육자, 강연자이며 『노운 : 디지털 시대에 퍼스널 브랜드를 구축하고 출시하기 위한 핸드북(KNOWN : The Handbook for Building and Unleashing Your Personal Brand in the Digital Age)』의 저자이다.

🌐 businessesGROW.com

퍼스널 브랜딩이란 다른 사람이 바라보는 당신의 모습이다. 주변에서 당신을 똑똑하고 믿음직스러운 사람이라고 생각한다면, 바로 그 모습이 당신이 가진 퍼스널 브랜딩의 한 부분이다. 퍼스널 브랜딩은 당신이 속한 분야에서 '알려지는' 것이다. 온라인이든 오프라인이든 잘 '알려지면' 당신이 바라는 꿈을 현실로 이룰 가능성이 높아진다.

오늘날 많은 직업이 AI에 의해 위협받고 있다. 퍼스널 브랜딩은 이 문제의 유일한 해결책일 수도 있다. 오늘날의 비즈니스는 자신만의 퍼스널 브랜딩을 적극적으로 키워나가는 것 또한 중요하다.

퍼스널 브랜딩은 오늘날 우리가 행하는 마케팅 대부분의 중심에 있다. 우리는 어떤 마케팅, 광고, PR보다 진짜 사람의 진정성 있는 목소리를 신뢰한다. 퍼스널 브랜딩은 점점 더 브랜드 그 자체가 되어가고 있으며, 특히 규모가 작은 비즈니스의 경우 더욱 그러하다. 여기 당신만의 퍼스널 브랜딩을 확립하는 데 도움이 되는 10가지 팁을 공유한다.

## 1. 무엇으로 불려지고 싶은가?

퍼스널 브랜딩은 당신이 가진 취미나 열정과는 다르다. 관심 있는 주제지만 그러면서도 비즈니스 목표를 달성할 수 있을 정도의 큰 주제여야 한다. 다음 질문에 답해보라.

오직 나만이 할 수 있는 것은?

이 문장을 완성할 수 있는 당신은 이미 자신의 고유성을 잘 이해하고 있다. 만일 이 문장을 완성하기에 어려움을 겪는다면 고객이나 동료에게 당신을 어떻게 생각하는지 물어보고 그 대답으로 고민해보라.

## 2. 퍼스널 브랜드에 콘텐츠로 힘을 더하라

사실 콘텐츠 소스의 선택지는 네 가지밖에 없다. 블로그 같은 글 콘텐츠, 팟캐스트 등의 오디오 콘텐츠, 유튜브나 라이브 스트리밍처럼 동영상으로 제공되는 콘텐츠 그리고 인스타그램이나 핀터레스트 사진과 같은 시각적 콘텐츠다. 어떤 종류의 콘텐츠를 골라 볼까? 당연히 경쟁 상대나 마케팅 대상을 고려해야 한다. 그것보다도 중요한 건 스스로가 가장 큰 즐거움을 느끼는 콘텐츠를 골라야 한다는 사실이다. 콘텐츠를 만들면서 재미를 느끼지 못한다면 그 콘텐츠를 보는 사람도 그걸 느끼고 떠난다.

## 3. 가장 중요한 것을 따르라

이 소란스러운 마케팅 세계에서 살아남으려면 반드시 뛰어나야 한다. 하지만 여러 군데에서 동시에 잘할 수는 없다. 다른 새로운 아이디어가 빛나고 좋아 보이더라도 그 뒤를 다 쫓아선 안 된다. 원래 콘텐츠 계획에 따르면서 자신만의 실력을 기르는 데 집중하라. 이때는 다양한 고객층을 생각하기 이전에 고객층을 만드는 게 중요하다.

## 4. 나는 어디에서 돋보이는가?

페이스북, 유튜브 등 소셜 미디어 플랫폼은 콘텐츠를 배포하는 채널이지 콘텐츠 그 자체가 아니다. 동영상 콘텐츠를 만든 다음, 링크드인, 페이스북, 인스타그램 및 다른 여러 곳에 배포할 때 각 채널에 맞는 특징을 살려 업로드하라. 그리고 고객의 반응을 확인하라. 당신이 통하는 곳은 어디든 있을 것이다.

## 5. 끊임없이 눈에 띄어라

퍼스널 브랜딩의 최종 목표는 업계에서 가장 많이 찾는 사람이 되는 것이다. 일주일에 적어도 한 번은 콘텐츠를 만들어라. 꾸준함은 천재성도 이긴다. 일단 시작했다면 같은 유형의 콘텐츠를 최소 18개월 동안은 매주 만들어 내는 데 전념하라. 당신의 콘텐츠가 흡입력을 가질 수 있는 최소한의 시간이고 세상이 당신을 찾아내는 시간이다. 당신이 만든 콘텐츠에 대한 반응(질문, 댓글, 사업 문의)이 서서히 나타나기 시작한다고 해도 하던 일을 그대로 이어가라. 당신은 점점 알려지는 중이다! 이때부터는 꾸준히 정성적 측정을 하라.

## 6. 자신 있는 콘텐츠로 승부하라

퍼스널 브랜드를 만들 때 콘텐츠 질과 양 중 무엇을 중시해야 할까? 답은 없다. 둘 다 중요하기 때문이다. 당신의 콘텐츠를 더 많이 노출할수록 사람들은 당신을 더 자주 마주친다. 그것이 바로 당신과 당신의 성공에 투자한 사람들, 잠재 고객층을 끌어모으는 방법이다.

## 7. 내 콘텐츠를 공유하는 '알파 오디언스'와 관계를 맺어라

당신의 콘텐츠를 공유하는 이들이 있다? 이미 그들은 당신과 당신의 아이디어를 옹호해 온 사람들이다. 나는 이들을 '알파 오디언스Alpha Audience'라 부른다. 당신의 마케팅 대상 중 이들보다 중요한 사람은 없다. 항상 이 알파 오디언스와 관계를 맺고 그들에게 보상할 방법을 모색하라. 이런 자연스러운 옹호 세력은 당신이 비용을 들여 하는 그 어떤 광고보다도 더 효과적이다.

## 8. 숫자에 집착하지 마라

구독자 수가 늘어나는 건 언제나 환영이다. 하지만 블로그, 팟캐스트 구독자 50명이 트위터 1만 명의 팔로워보다 훨씬 더 나을 수 있다. 왜냐하면 50명의 구독자는 당신을 신뢰하고 당신이 하는 말에 동의하기 때문이다. 이들은 28장에서 언급한 것처럼 커뮤니티를 형성하는 출발점이 된다.

## 9. 당신의 콘텐츠가 한 권의 책이 될 수도 있다

책을 쓴다는 건 어려운 일이다. 일주일에 1,000자의 글을 블로그에 남긴다고 할 때 52주면 5만 2,000자가 된다. 이미 이것만으로도 책 한 권 분량이다. 판매 부수는 장담할 수 없지만 영원히 기억되는 건 당신이 책을 낸 저자란 사실이다.

책 집필 프로젝트를 위해 동영상과 팟캐스트의 음성을 글로 기록하는 Otter.ai 같은 프로그램을 사용할 수도 있다. 책 집필은 당신의 신뢰도 및 퍼스널 브랜드를 급격히 성장시키고 알리는 데 중요한 역할을 할 것이다.

## 10. 대중 연설로 퍼스널 브랜드를 강화하라

어디든 가서 연설을 해보라. 어떤 행사건 당신은 배움을 얻고 발전해 나갈 수 있을 것이다. 그리고 당신은 점점 더 많은 강연 초청을 받게 될 것이다. 대중 연설이 결코 쉬운 일은 아니지만 이 경험은 반드시 관객과의 소통 창구가 된다. 그들의 공감을 얻을 수 있는 아이디어를 세 개에서 다섯 개 정도 골라 각 아이디어를 설명해 주는 방식으로 연설해보자. 그 중간 30분, 40분 정도에는 하고 싶은 이야기를 전달하자.

# 30장

## 메라버스

# 우리에게
# 가상 공간이
# 주어진다면?

## 브라이언 파이퍼
### Brian Piper

브라이언 파이퍼는 로체스터 대학에서 콘텐츠 전략 및 평가 디렉터로 근무하고 있다. 그는 컨설턴트, 기조 연설가이자 『에픽 콘텐츠 마케팅 : 세컨 에디션(EPIC CONTENT MARKETING : Second Edition)』의 저자이다.

 brianwpiper.com

메타버스는 이미 우리 삶에 다양하게 적용된다. 현재 진행되는 채팅 포럼과 게임 「포트나이트Fortnite」, 「레디 플레이어 원Ready Player One」이나 「매트릭스 The Matrix」와 같은 영화에 등장하는 허구적 세계도 모두 메타버스다. 세계 최초의 메타버스 ETF의 창시자 매튜 볼Matthew Ball은 메타버스를 이렇게 표현했다.[42]

실시간 렌더링된 3D 가상 세계로 구성되어 대규모 확장과 상호 운용이 가능한 네트워크로, 무제한의 유저가 각각의 존재감을 가지고 동시에 지속적으로 경험할 수 있는 세계이다. 이곳에서는 정체성, 이력, 자격, 객체, 소통, 지불 등 데이터의 연속성을 갖는다.

미국 컨설팅 업체 맥킨지는 메타버스의 잠재적 경제 가치를 2030년까지 약 5조 달러로 추정한다.[43] 많은 브랜드가 이미 메타버스 실험을 진행하고 있으며, 스프라우트 소셜 인덱스Sprout Social Index는 마케터가 메타버스에 소비하는 금액이 앞으로 눈에 띄게 늘어날 것이라 예상한다.[44]

마케팅 공간으로 메타버스가 표준 환경이 되기 전에, 기술의 진보, 소비자 인식 제고, 메타버스 채택의 확장 등이 필요하다. 우리는 이미 급속도로 발달한 기술을 지켜보고 경험한 바 있다. 이제 메타버스의 발전 상황도 이미 목도하고 있는 상황에 이르렀다. 메타버스에서 유용하게 쓰일 10가지 방법이 여기 있다.

## 1. 지금 당장 메타버스를 시작하라

인터넷 초창기와 마찬가지로 지금 메타버스를 실험해 보고 배워두면 나중에 메타버스에서 콘텐츠를 활성화하는 데 도움이 될 것이다. 글로벌 메타버스 플랫폼인 스페이셜spatial.io에서 메타버스 미팅을 열어보자. 나의 아바타를 원하는 모습으로 꾸밀 수도 있고, 메타버스라는 새로운 환경에서 다른 브랜드는 무엇을 하고 있는지 둘러볼 수도 있다. 나이키, 구찌, 코카콜라 등이 현재 새로운 혁신 주자로 활동하고 있으며 매일 많은 기업이 메타버스 세계에 입장하고 있다.

## 2. 메타버스는 누구에게 먹힐까?

대상 고객에 밀레니얼 세대(1981년생~1995년생), Z세대(1996년생~2009년생) 혹은 알파 세대(2010년생~2024년생)가 포함된다면, 지금 당장 메타버스를 시작하라. 연령대가 낮은 고객일수록 메타버스에서 브랜드와 접점을 찾길 원한다. 맥킨지는 향후 5년 이내에 Z세대와 밀레니얼 세대가 메타버스에서 매일 5시간 정도를 보낼 것으로 예측한다.

## 3. 고객은 이미 몰입할 준비가 끝났다

메타버스 마케팅은 몰입형 경험을 제공할 것이다. 이제 랜딩 페이지, CTA에 관한 생각은 멈추고 메타버스 유저가 당신의 스토리에 어떻게 빠져들게 할지 고민해야 한다. 고객은 더이상 당신의 오프라인 매장에서 농구화를 신어보려고 하지 않을 것이다. 대신에 그들은 농구화를 갖춰 신고 마이클 조던과 일대일 농구 게임하기를 원할 것이다.

## 4. 메타버스에서 쇼핑하라

메타버스 내에서는 암호화폐로 제품이나 서비스를 구매할 수 있다. 만약 완전 몰입형 VR로 영화 「타이타닉」을 리메이크한다고 상상해보라. 뱃머리에 선 당신은 발아래 부서지는 파도를 생생히 바라볼 수 있다. 그러다가 영화의 남자 주인공 잭이 입었던 롱코트가 마음에 든다면 영화를 잠시 멈추고 그 코트를 어디서 구매할지 선택할 수 있다. 이 모든 행동이 영화 속에서 전혀 벗어나지 않고서도 가능하다. 메타버스 내 작품 속 광고PPL는 마케팅 콘텐츠에 완전히 새로운 가치를 더해줄 것이다.

## 5. 메타버스로 대화하라

메타버스는 개인 맞춤화가 가능하다. 이를 활용하면 브랜드가 특정 대상과 밀접한 연결고리를 맺을 수 있다. 브랜드는 NFT와 사용자 통제 데이터를 기반으로 고객 맞춤 경험을 제공한다. AI는 메타버스로 기업이 사용자를 모니터링할 수 있게 하고 사용자가 공유하기로 한 데이터와 관심사를 기준으로 사용자 경험을 조정함으로써 고객은 관심 있는 제품과 서비스만 볼 수 있다. 예를 들어, 한 고객이 지붕 교체 방법을 배우길 원한다고 가정해보자. 만약 그 고객이 자신의 위치 데이터를 공유했고 당신이 지붕 업체를 운영하고 있다면 당신은 메타버스에서 고객의 지붕을 가상으로 복제한 다음 도구 사용법과 교체 기술을 보여 줄 수 있다. 그리고 난 다음, 당신은 메타버스 레슨에서 소개한 도구를 고객에게 판매하거나 그것을 파는 다른 가까운 상점을 추천할 수 있다.

## 6. 메타버스에서 게임하기

현재 메타버스는 게임과 패션에 초점이 맞추어져 있다. 메타버스에 집중하는 많은 브랜드에서는 그들의 의류나 자산을 기존 게임에 통합하는 방법을 만들어 가고 있다. 미국의 메타버스 게임 플랫폼 로블록스Roblox에서는 이미 구찌, 토미 힐피거, 버버리 등 많은 브랜드로부터 제공되는 기능이나 아이템이 존재한다. 당신의 제품이나 서비스가 게임 이용자들과 만날 방법을 생각해보라.

## 7. 보상은 고객을 춤추게 한다

가상의 피트니스 허브를 구축한 올리브엑스OliveX는 정해진 운동 목표(체지방 5% 감량 혹은 30일간 매일 스쿼트 100개 하기)를 달성하거나 운동을 하면 보상을 제공한다. 이미 메타버스에는 이렇게 사용자에게 보상을 제공하는 브랜드들이 존재한다. 메타버스에서 얻은 보상은 다른 디지털 상품이나 실제 세계의 상품 구매에 사용할 수도 있다.

## 8. 실패할 수 있다, 대비하면 된다

웹3와 메타버스는 아직 배우고 탐험하는 단계다. 뭔가를 배우려면 실패하는 것쯤이야 두려워하지 마라. 운이 좋아 시작하자마자 인기를 얻는 프로젝트도 있겠지만, 그렇지 못하는 프로젝트는 더 많다. 빠르게 발전하는 메타버스 시장에 집중하고, 지금 잘되는 프로젝트의 성공 요인은 무엇인지 파악한 다음 그 요인을 당신의 프로젝트에 반영해보자. 메타버스에서의 승리는 전략을 가지고 사전 조사를 진행했는지, 전략이 별다른 성과를 내지 못한다면 전략의 방향을 바꿀 대비가 되어 있는지에 달렸다.

## 9. 메타버스 속 고객을 만나자

고객은 단순한 소비자가 아니다. 고객은 당신의 커뮤니티와 브랜드의 유용성, 기능, 나아가야 할 방향을 알려주는 자산이다. 웹3 환경에서 가장 놀라운 부분 중 하나는 적극적으로 참여하는 커뮤니티와 사용자들이다. 사용자는 당신이 제공하는 토큰이나 NFT를 보유했을 때 더 큰 주인의식을 느끼게 되고 커뮤니티의 성공을 위해 돕고 싶다는 마음을 갖는다.

　메타버스에서 기업과 고객의 놀라운 협업은 매일 같이 일어나고 있다. 여러분이 브랜드를 키우고 고객의 참여를 유도하는 동안 눈을 크게 뜨고 살펴본다면 고객과의 협업 기회는 어디에든 있다. 고객은 누구보다도 든든한 우리 편이 될 것이다.

## 10. 우리에게 맞는 메타버스는 무엇일까?

메타버스는 앞으로 마케팅을 뛰어넘을 것이다. 마케팅과 메타버스 전략을 통합하면서 중요한 것은 사용자를 위한 경험을 제공하는 일이란 사실을 잊지 마라. 다른 브랜드에서 취하고 있는 전략이 여러분 자신, 제품이나 서비스에 잘 맞을 것 같아서 단순히 베끼고 싶을 수도 있다. 하지만 뒤로 한 걸음 물러서서 큰 그림을 보라. 여러분의 전체 메타버스 전략에 대해 생각해보자. 자, 여러분의 고객에게 무엇을 제공해야 할까?

# 31장

## 웹3

# 웹3의
# 놀라운
# 가치

### 조에리 빌라스트
#### Joeri Billast

조에리 빌라스트는 웹3 마케팅 전략가로 기업의 마케팅 총괄 경영자(CMO)이다. 베스트셀러 작가이자 웹3 마케팅에 대해 다루는 CMO 스토리(CMO Stories) 팟캐스트의 호스트이기도 하다. 조에리는 대중 앞에서 연설하는 걸 좋아한다.

🌐 www.webdrie.net

탈중앙화된 네트워크와 블록체인 기술에 힘입은, 월드와이드웹의 제3세대인 웹3에 대해 들어본 적이 있는가? 탈중앙화 네트워크란 웹3가 하나의 중심이 되는 기업에 의해 '소유'되지 않았다는 뜻이다. 반면 웹3는 커뮤니티가 '소유'한 상태다.

마케팅에 웹3를 활용할 수 있는 방법은 다양하다. 가장 익숙한 방법은 NFT와 토큰 같은 디지털 자산을 만들어서 저장하는 것이다. 대체 불가능 토큰non-fungible token이란 의미인 NFT는 고유하여 대체될 수 없는 반면, 토큰은 다른 자산과 교환될 수도 있고 재화, 서비스를 사는 데 이용할 수도 있다. 웹3를 활용해 블록체인에 기반을 둔 웹사이트 탈중앙화 애플리케이션dApps은 과거의 웹 애플리케이션보다 더 안전하고 효율적이다. 당신의 데이터가 해킹되거나 도둑맞을 가능성이 적고 은행이나 그 외 금융 기관을 중개인으로 사용하지 않으므로 더 빠르고 효율적으로 거래할 수 있다. 무엇보다 지리적 경계가 없다는 특징은 전 세계 마케팅 대상과 연결할 수 있다는 큰 장점이 있다. 당신의 웹3 여정을 멋지게 시작할 수 있는 10가지 팁을 다음과 같이 준비했다.

## 1. 어떻게 웹3을 시작할 것인가?

우리에게 익숙한 웹2.5 공간은 그것을 만든 회사를 제외하고는 누구도 조정이나 개선이 불가능하며 폐쇄적이다. 하지만 웹3에서는 유저가 곧 오너다.

먼저 다른 사람과 어떤 정보를 공유할지 결정하라. 업무적인 것과 개인적인 것, 한두 가지 아이덴티티만 있으면 된다. 예를 들어, 나는 Joeri.NFT와 CMOstories.eth를 가지고 있다. 전자는 언스토퍼블 도메인Unstoppable Domains을 통해 판매되고 후자는 이더리움 네임 서비스 도메인ENS Domains을 통해 판매되는 도메인이다. 두 도메인은 블록체인상에 존재하며 탈중앙화된 도메인이라 매우 안전하면서도 감지하기 어렵다. 내가 가진 Joeri.NFT은 일상용이고 eth 도메인은 DAODecentralized Autonomous Organization(탈중앙화된 자율 조직)가 관리하는 도메인이다. DAO는 중앙 리더십이 없는 단체로 이 조직에서 내리는 결정은 공개적으로 열람할 수 있다. 자, 이제 실천에 옮겨 당신의 디지털 아이덴티티를 확보하라.

## 2. 디지털 아이덴티티를 찾아라

디지털 프로필을 만들면 여러모로 당신에게 도움이 된다. 복잡한 지갑 주소wallet address 대신 웹3 거래(예를 들어 Joeri.NFT)를 위해 비교적 간단한 주소 옵션을 가지게 될 것이다. 그리고 암호화된 이메일과 탈중앙화된 웹사이트를 사용할 수도 있게 된다. 또한 디지털 프로필은 가상의 디지털 공간에서 당신을 대변하는 아바타가 생기는 것이랑 비슷하다. 당신의 디지털 아이덴티티가 있으면 레디 플레이어 미 아바타에 접근할 수 있고 블록체인 기술상에서 당신의 개인 정보와도 연결지을 수 있다.

## 3. 이미 형성된 커뮤니티에 합류하라

웹3에서는 당신의 퍼스널 브랜드를 성장시킬 수도 있다. 레이지 라이언스Lazy Lions 같은 유명한 NFT 주식을 사들여라. 그리고 많은 사람이 볼 수 있게 NFT 프로젝트에 발을 들였다는 트윗을 날려라. 그리고 팔로워가 늘어나는 걸 지켜보기만 하면 된다. 해당 커뮤니티 구성원이 당신과 연결되면서 당신의 도달 범위는 자연스럽게 넓어질 것이다. 다시 말해, 이미 커뮤니티가 형성된 NFT 프로젝트에 합류하는 전략이다. NFT 주식을 구매함으로써 그런 커뮤니티에 접근할 수 있는 권한이 생기고 그러면 당신에 관해 이야기할 대상도 늘어난다.

## 4. 충분히 살펴보고 시작하라

그렇다고 해서 너무 성급하게 NFT를 사는 것은 위험하다. 최대 규모의 NFT 마켓플레이스인 오픈씨OpenSea에서 해당 프로젝트에 관한 실시간 트윗을 살펴보라. 그리고 해당 프로젝트에 대한 디스코드 서버를 확인해보라. 해당 프로젝트의 리더를 주시하라. 그가 아직 그 프로젝트에 힘쓰고 있는지, 아니면 떠났는지 확인할 수 있을 것이다. 반면 실패했다가 살아난 프로젝트를 확인해 보면서 위기를 어떻게 극복했는지 또는 프로젝트 오너 및 커뮤니티와 어떻게 소통했는지를 배워보라.

## 5. 나는 무엇을 소유하게 될 것인가?

지금 산 NFT가 추후 비즈니스를 위해 사용되리라고 생각하는가? 모든 NFT 프로젝트가 NFT 홀더holder의 예술품 현금화를 허용하는 것은 아니다. NFT를 소유하고 있다고 하더라도 실제 예술작품에 대한 저작권을 소유하지 못할 수도 있다. 실제로 많은 NFT 크리에이터가 상업적 사용을 제한하고 있으며 홀더들에게는 오직 NFT를 '사용, 복제, 전시'할 권리만 허용하는 라이선스를 부여한다.[45] 물론 크립토펑크CryptoPunks NFT 홀더에게 모든 상업적 권리를 부여하는 유가 랩스Yuga Labs 등 예외도 있다. 이들은 캐릭터를 상업적 혹은 개인적 프로젝트에 사용하도록 허용한다.

## 6. 커뮤니티를 만들어 최신 트렌드를 공유하라

비즈니스를 위한 NFT 론칭을 생각하고 있다면 먼저 커뮤니티를 형성하라. 프로젝트가 성공하려면 활성화된 디스코드 서버가 중요하다. 현재 진행 상황을 퍼뜨릴 수 있는 수단으로 우리 커뮤니티만한 것이 있을까? NFT와 암호화폐 최신 트렌드를 계속해서 따라갈 수 있는 트위터와 텔레그램에 집중하라. 특히 텔레그램은 요즘 암호화폐 커뮤니티에서 가장 많은 주목을 받고 있다.

## 7. 그는 무슨 생각을 하고 있을까?

NFT로 도달하고자 하는 목표가 무엇인가? 만약 그 대상이 단순히 미적으로 즐겁고 기능적인 무언가를 원하는 사람이라면 그는 어떤 종류의 예술을 선호하겠는가?

사실 가장 성공적인 NFT 프로젝트는 예술과 관계없이 그 프로젝트가 소유주에게 제공하는 혜택이나 기능 덕분에 성공하는 것이다. 어떤 프로젝트가 그 금전적 가치를 완전히 잃는다 하더라도 사람들은 커뮤니티에서 받는 혜택을 기대한다. 완벽함이란 소설 속에서나 가능한 이야기이므로 기대치를 관리하고 최대한 많이 소통하는 걸 잊지 마라.

## 8. 이해할 수 있는 언어로 이야기하라

웹3 지식이 없는 NFT 구매 대상에게는 기술에 관해서 이야기하지 마라. 대신 NFT 프로젝트가 가져올 혜택을 이야기하라. 고객이 공감할 만한 스토리를 들려주고 왜 그들이 이 프로젝트를 중요하게 여겨야 하며 이것이 그들의 일상에 왜 필요한지가 더 중요하다. 모두가 이해할 만한 방법으로 기술을 설명하고, 필요하다면 개인적 이야기를 섞는 것도 좋다.

## 9. NFT 고객의 발자취를 탐색하라

NFT의 상세 유형인 출석 증명 프로토콜POAP, proof of attendance protocol은 과거 방문 기록을 유지하는 방식이다. 우리 매장에서 쇼핑하거나 행사에 참여한 고객에게 POAP 토큰을 발행하자. 독점 거래나 로열티 프로그램을 홍보하는 데 POAP를 사용하면 고객은 당신의 비즈니스를 다시 찾을 인센티브를 받게 된다. 또한 행사 담당자는 POAP로 미래에 있을 행사의 고객의 참가 여부를 확인하고 할인이나 보상을 제공할 수도 있다. POAP는 고객의 경험을 창출하면서 동시에 브랜드 인지도와 고객 충성도를 높일 수 있다.

## 10. 당신에겐 이미 가지고 있는 스킬과 지식이 있다

사실 웹3 또한 당신이 아는 마케팅의 방향과 일치한다. 현재 당신이 가진 스킬을 웹3 공간에 적용하라. 만약 당신이 웹 개발자라면 웹3 애플리케이션을 개발하는 일부터 시작할 수 있다. 그리고 당신이 디자이너라면 웹3와 호환할 수 있는 유저 인터페이스를 만들 수 있다. 만약 마케터라면 웹3 프로젝트 제품의 홍보를 돕는 것부터 시작하라.

웹3에 대해 배울 건 많지만 앞으로 배울 새로운 기술은 점점 더 많아질 것이다. 중요한 건 시간과 노력을 들여 꾸준히 배워야 한다는 사실이다.

# 32장

**인공지능(AI)**

# 인공지능 마케팅은 인공적이지 않다

## 메리 캐스린 존슨
### Mary Kathryn Johnson

메리 캐스린 존슨은 대화형 마케팅 디자이너, 전략 전문가이자 강연가이다. 그는 본문에 언급된 여러 AI 도구를 기업이 채택하도록 도움을 주고 효과적으로 사용하는 방법에 대한 교육을 제공한다.

🌐 www.CallMeMKJ.com

안면인식으로 휴대전화의 잠금을 여는 당신은 매일 인공지능, AIArtificial Intelligence를 활용하고 있다. AI는 카피라이팅 도구, 광고 알고리즘, 소비자 행동 모델, 그 외 여러 가지 원하는 목표를 달성하고 긍정적인 결과를 예측하고자 설계되었다. 우리의 삶에서 AI의 가치는 점점 더 강조된다. AI는 당신의 생산성을 높임과 동시에 우리 비즈니스 브랜드를 정의하고 개선할 수 있다. 당신은 의사결정자로서 AI를 수용할 것인가? 변화의 두려움은 최소화하면서 선택의 다양성은 포용하는 비즈니스 리더는 사업의 성장을 위해 AI를 사용할 것이다.

AI 마케팅의 목표는 제품이나 서비스를 구매할 준비가 된 잠재 고객을 사로잡음으로써 전환율을 높이는 것이다. 하지만 AI가 가진 잠재력은 오직 당신이 효과적으로 실험을 시도해 볼 의지가 있을 때만 발휘된다. 당신의 비즈니스를 성장시키기 위해 AI를 사용하는 10가지 핵심적인 팁을 다음과 같이 공유한다.

## 1. AI로 마케팅 효율성을 잡아라

AI는 일반적으로 인간의 창의력과 지능을 대신한 컴퓨터 능력에 사용된다. 마케팅에 AI를 사용하면 생산성이 향상되고 시간과 돈을 절약할 수 있다. AI는 수십 년간 마케팅 분야에 활용되며 고객 세분화와 리드 스코어링lead scoring(잠재 고객의 순위 매기기) 등 특정 업무를 자동화하는 데 도움이 되었다. 최근 들어 AI는 더 복잡하면서도 가치 있는 방법으로 사용된다. 오늘날의 AI 마케팅은 노력 대비 전체 수익률을 향상시킨다.

## 2. AI는 고객이 무엇을 원하는지 안다

AI는 소셜 미디어 광고 알고리즘에 접근해 데이터를 수집하고 분석할 수 있다. 적합한 고객 목록을 광고 플랫폼에 주면, AI는 소셜 미디어 플랫폼 전체에 접근하여 당신의 고객을 물색한다. 다양한 요인을 기준으로 하는 이 데이터 포인트는 사용자의 온라인 시청 습관, 그것을 토대로 한 미래 행동까지 예측한다.

## 3. 누가 AI를 감정 없는 기계라 했던가?

우리 고객의 감정을 알아보기 위해서도 AI를 사용할 수 있다. 고객의 소셜 미디어 활동을 모니터링하고 얻은 정보는 소셜 미디어 마케팅 전략에 어떤 변화나 조정이 필요한지 알려주고 고객에게 적합한 콘텐츠 제작을 가능하게 한다.

## 4. 쉴 새 없이 AI를 활용하자

이제는 블로그 게시물, 이메일, 회사 약력, 광고 카피, 심지어 직무 기술서와 같은 콘텐츠도 AI의 도움을 받아 더 빠르고 효과적으로 쓸 수 있다. 심지어는 표절의 가능성을 없애기 위해 사용되는 표절 감지 AI 도구도 있다. 무궁무진한 AI의 활용은 온라인상 브랜드 인지도 확보와 더 나은 검색 엔진 최적화에도 도움이 될 것이다.

## 5. AI는 놀라운 이미지를 만든다

맞춤화된 브랜드 정체성을 형성하고 싶은 당신, AI 생성 이미지를 활용해보는 건 어떨까? AI는 블로그, 소셜 미디어 혹은 책의 표지에 대한 상세한 설명과 키워드만 있어도 충분히 삽화 제작, 제품 디자인을 시작할 수 있다(원서의 경우에도 AI로 표지를 디자인했다). AI는 당신의 요구에 따라 사진 같은 현실적인 이미지도 만들 수 있다. 심지어는 실제 예술가의 스타일과 복잡한 특징을 구현한 이미지도 만들어낼 수 있다.

## 6. AI는 대화한다

AI는 텍스트나 음성으로 대화하며 고객 서비스 중심의 세부적인 마케팅 업무도 잘 해낸다. 소셜 미디어상의 챗봇, 집과 휴대전화, 자동차 내 장착된 AI 어시스턴트는 이제 흔한 기능이 되었다.

　대화형 AI 도구는 기업의 미션, 제품, 오퍼에 대해 이해하고 고객에게 반영해 더 빠르면서도 깊게 '알고, 좋아하고, 신뢰하는' 관계를 형성한다. 매일 처리해야 하는 반복적인 문의에 대응하는 데도 AI를 사용할 수 있게 되면서 더이상 사람이 로봇처럼 대답하지 않아도 된다. 심지어 '안녕' '안녕하세요' '저기요' '있잖아' 같은 흔한 표현이 여러 방식으로 표현되는 것도 이해하고 적절하게 대응할 수 있는 수준이다. 얼마나 생산적인가? 이제 우리는 인간만이 할 수 있고 또 해야 하는, 고객 관계 업무에 전념할 수 있다.

## 7. AI는 가장 효율적인 방법을 알고 있다

여러분은 이미 마케팅과 세일즈 퍼널에 대해 들어본 적이 있을 것이다. 고객이 구매하기까지의 전 과정인 퍼널은 잠재 고객을 구매 결정의 단계까지 끌고 가게 된다. 이때도 AI를 활용해보라. 이처럼 여러 단계로 구성된 구체적인 프로세스에서 전환율을 최적화하는 일은 매우 많은 시간과 비용이 든다. 마케터들은 일반적으로 두 가지 다른 옵션을 단순 비교하거나 같은 옵션에 다른 조건을 적용해 비교하는 스플릿 테스트split-test만 진행하여 콘텐츠 하나에 한 가지 파라미터를 최적화하곤 한다. 하지만 AI는 다섯 개의 다른 헤드라인과 다섯 개의 다른 이미지를 가지고 세 가지 다른 페이지에, CTA 버튼에는 세 가지 다른 색을 써서 광고를 올린 다음 그 결과를 분석하고 비교할 수 있다. 동시에 가장 전환율이 높은 헤드라인, 이미지, 색의 조합을 찾아내는 것도 가능하다. AI를 이용한 비교 분석을 통해 75개

이상의 다른 조합 중 가장 성공적인 요인의 조합을 1주일 이내에 찾아낼 수도 있다. 반면, 제한적인 스플릿 테스트만으로 가장 성공적인 조합을 찾아내려면 수개월이 걸릴지도 모른다.

## 8. 당신도 AI와 친해질 수 있다

어쩌면 AI 자체가 어려워 보일 수 있다. 그렇지만 AI를 효과적으로 사용하기 위해 컴퓨터 공학 학위가 필요한 건 아니다. 현재 가용 상태의 프로그램은 이해하기 쉬운 튜토리얼, 템플릿, 가이드를 제공한다. AI 마케팅에 발을 들이기는 무엇보다 쉽다. 성공을 위해 필요한 건 당신의 시간과 의지뿐이다.

## 9. 가장 인간적인 기업이 승리한다

늘어나는 고객과 높아진 전환율은 우리에게 반가운 소식이 아닐 수 없다. 하지만 마케팅에 AI를 사용할 때 윤리적인 측면은 고려해 보았는가? 편리함, 생산성, 개인화라는 명목은 내세울 수 있지만 AI를 남용하지 않도록 반드시 주의를 기울여야 한다. 다른 국가에서 적용되는 개인정보보호법을 준수해야 하는 건 물론이고 모든 데이터가 사실은 사람 한 명 한 명에 해당한다는 사실을 기억해야 한다. AI로 대량의 데이터를 긁어와서 영업용 광고 스팸 메일을 뿌린다면 결국 매출 증대와는 관계없이 기업 이미지는 추락하게 될 것이다.

마크 W. 셰퍼는 말했다.

가장 인간적인 기업이 승리한다.


AI를 사용하되 우리 비즈니스에 맞는 고객을 윤리적으로 찾고 서비스를 제공하자.

## 10. 우리에게 맞는 AI 마케팅은?

당신의 사업에 가장 큰 효과를 가져다줄 AI 도구는 무엇일까? 가용 AI 도구를 모두 시도해 보는 건 당신을 오히려 혼란스럽게 할 것이다. 최대의 최초 효과를 낼 수 있는 가장 간단한 도구를 가지고 시작해보라. 우리 기업이 소셜 미디어 광고에 많이 의존하고 있다면 광고의 퍼포먼스 최적화를 위한 AI 도구 도입을 시도하라. 전자상거래 스토어에서 제품을 판매하고 있다면, 가장 잘 팔리는 제품을 구매한 고객은 어떤 사이트에서 무엇을 하며 시간을 보내는지 파악하는 AI 도구를 사용하라.

많은 온라인 콘텐츠 중 '왜 잘 되었을까?' 싶은 사례가 있다. 그런 성과를 다시 한번 거두고 싶을 때, AI를 활용해서 유저의 관심을 끌고 기업 이미지와 개성으로 적절한 콘텐츠를 제작하라.

# 33장

## 경험 마케팅과 UGC

# 돈 주고도 못할
# 경험을 선사하라

### 안나 브레이빙턴
Anna Bravington

안나 브레이빙턴은 마케팅 전략가이자 '감히 행동하는 사람들(Those That Dare)'이란 에이전시의 공동 설립자이다. '콘텐츠 격차를 넘어(Crossing The Content Chasm)'라는 팟캐스트의 호스트이기도 한 안나는 2022년 텔레그래프(The Telegraph)와 낫웨스트(NatWest)에서 선정한 '2022년 주목해야 할 여성 기업가 100인'으로 선정되기도 했다.

🌐 www.thosethatdare.com

사람들은 뭔가를 구매할 때 복잡한 의사결정 과정을 거친다. 가격이나 편리함 등 당연한 조건이 구매 결정에 영향을 미치기도 하지만 구매 당시의 기분, 구매 시간대, 과거 경험, 구매자의 직장, 재정 상태, 사회적 양육 배경 등 구매 결정에 영향을 미칠 수 있는 요인은 무수히 많다. 고객의 관심을 얻기 위한 경쟁 속에서 특별한 인상을 남길 만한 무언가가 필요하다. 고객에게 당신의 회사가 떠오르게 해야 한다.

하버드 경영대학원의 제럴드 잘트만Gerald Zaltman 교수는 우리의 구매 결정 중 95%가 무의식에서 이루어진다고 했다. 고객의 내면에 자리 잡은 경험이 기업과 정서적 연결을 구축하고 긍정적인 기억을 만듦으로써 그들의 무의식을 직접 공략한다.

경험 마케팅이 잘 드러나는 부분은 바로 사람이다. 사람은 다른 사람을 믿는다. 소비자에게 가치 있는 경험을 제공하면 그들은 그 경험에 관해 이야기하고 업로드할 가능성이 커지고, 자연스레 사용자 생성 콘텐츠UGC가 만들어진다. 경험 마케팅과 사용자 생성 콘텐츠를 최대한으로 활용할 수 있는 10가지 팁은 다음과 같다.

## 1. 함께 추억을 만들어라

경험 마케팅은 큰 행사부터 간단한 온라인 채팅까지 포함된다. 핵심은 사람들의 참여를 유도하고 관심을 끄는 일이다. 고객에게 추억을 만들어 주고 감정을 끌어내라. 과거에는 오프라인의 행사가 경험 마케팅의 주된 방식이었지만, 오늘날 기업들은 제공 경험의 종류를 다양화하기 시작했다. 예를 들어 비디오 게임 기업인 '게임GAME'은 쇼핑몰에 게이밍 아레나 'Belong'을 운영한다. 이 곳에서는 게이머들이 함께 모여서 게임하고 다른 팬을 만날 기회를 제공한다. 이들은 또 다른 이들과 이 경험을 나누고 싶어한다. 또 이 아레나를 이용한 고객은 아레나 커뮤니티에서의 경험이 즐거웠기에 게임을 구매할 확률이 높았다. 경험과 사용자 생성 콘텐츠가 동시에 이루어지는 긍정적인 결과다.

## 2. 작게 시작한 다음 성장해도 늦지 않다

처음부터 마케팅 대상 전체를 고객 경험에 끌어들일 필요는 없다. 영국에서 열리는 가장 권위 있는 마케팅 행사 중 하나인 브라이튼 SEOBrighton SEO는 2010년 작은 펍 위층의 방에 모인 사람들로부터 시작되었다. 그리고 지금은 매년 수천 명이 참석하는 컨퍼런스로 성장했다. 소규모 커뮤니티는 다양한 아이디어를 시도해 볼 수 있다는 장점이 있다. 고객과 가장 좋은 관계는 때때로 소규모의 개인화된 경험을 기반으로 하기 때문에 기업이라면 한 번쯤 경험해볼 만하다.

### 3. 다양하게 경험하자

다양한 경험 마케팅 활동을 시도해 보고 우리에게 맞는 방법을 찾아 보자. 온라인이든 오프라인이든 다양한 형식으로 실험해 보고 고객에게 공감을 불러일으키는 것, 우리의 사업에 맞는 결과를 낳는 것을 찾아라. 함께 하는 저녁 식사부터 개인 맞춤형 이벤트까지 옵션은 무수히 많다. 어디서부터 시작하면 좋을지 파악하려면 고객이 참여하면서 즐거웠던 행사나 경험 이벤트를 물어보자.

### 4. 예산은 중요하지 않다

경험 마케팅은 믿을 수 없을 정도로 가성비가 뛰어나다. 영국 인터랙티브 미디어 협회BIMA, British Interactive Media Association는 디지털 산업을 위한 전문가 집단으로, 매주 협회 회원을 여러 그룹으로 나누어 그룹마다 화상회의를 통해 대화하고 아이디어를 교환하며 서로 배우는 시간을 가질 수 있도록 한다. 간단하면서도 효과적인 화상회의 시간은 협회 회원 커뮤니티를 강화하며 소속감과 유대감까지 느끼게 한다.

### 5. 테스트 및 학습test-and-learn 전략을 따르라

마크 W. 셰퍼의 라이즈 커뮤니티의 경우, 구성원이 다양한 시간대에 살고 있기에 메타버스에서 만난다. 우리는 가상 현실에서 모여서 이야기하며 서로에 대해 알아간다. 실험적인 방식이다 보니 뭔가 잘

못되거나 틀리기도 하지만 우리 모두 이것마저 경험이라 여기며 즐긴다. 이 시간으로 정서적 유대와 강한 연결고리가 형성된 것을 느낀다.

## 6. 통제권을 커뮤니티에 위임하라

커뮤니티 구성원에게 아이디어를 물으며 커뮤니티 참여를 유도하라. 커뮤니티가 나아가는 방향에 영향을 미칠 수 있는 충성도 높은 팔로워로 구성된 위원회를 설립해서 팔로워들이 특별한 기분을 느끼도록 하라. 커뮤니티 구성원과의 유대관계를 공고히 하는 데 도움이 될 뿐 아니라 당신의 업무 부담도 줄어들 것이다.

## 7. 경험의 촉매제 역할을 하자

브랜드의 자리를 이어받은 고객은 그 경험을 계속 이어나간다. 한 가지 훌륭한 예로 모바일 게임 '포켓몬 고Pokemon GO'가 있다. 게임 플레이어들은 알아서 자신들만의 이벤트를 개최하여 정해진 장소에 모인 다음, 길에서 가상의 캐릭터를 사냥하는 활동을 하곤 한다.

## 8. 다른 경험에 참여하라

고객은 이미 당신의 브랜드를 경험했고 그와 동시에 경험 콘텐츠를 만드는 주체가 된다. 화장품 브랜드인 트리니 런던Trinny London의 팬들은 페이스북 그룹을 만들어 모임을 개최하고 그들 스스로 '트리니

족Trinny Tribe'이라 불렸다. 트리니 런던은 기업이 커뮤니티 경험을 만드는 대신 기존에 진행되고 있던 모임을 지원해 주기로 했다. 트리니 런던은 각 커뮤니티 그룹에 로고를 만들어 주고 고객들에게 커뮤니티 홍보도 해주는 등 다양한 지원을 제공했다.

## 9. 나눌 수 있는 스토리를 만들자

경험 마케팅은 입소문 마케팅과 콘텐츠 생성이 따라온다. 고객이 재미있거나 흥미로운 활동에 참여하면서 그들이 친구, 동료, 소셜 미디어 팔로워들과 행복하게 공유할 수 있는 추억을 만들어 주어라. 이 비즈니스 프로모션은 천금 같은 가치를 지닌다.

## 10. 경험은 지속되어야 한다

경험 마케팅에 참여한 이들이 해시태그를 포함한 사진, 동영상을 공유하고 이야기를 나누고 블로그를 쓰도록 하라. 보상이 있으면 더욱 좋다. 이것이 바로 앞서 언급한 사용자 생성 콘텐츠UGC가 되는 것이다. UGC는 진정성 있고, 당신이 고객과 상호 작용한다는 사실을 보여주며, 당신의 네트워크 외부에 있는 잠재 고객에게 다가갈 기회를 만든다.

# 34장

## 포용 마케팅

# 고객과 나 사이
# 장벽을 깨다

### 페퍼브룩스
### PepperBrooks

페퍼브룩스는 창의적 마케팅 전략가이자 블로거로 비즈니스, 예술, 기술을 감정과 함께 다루는 블로그를 운영하여 상을 받기도 했다. 페퍼브룩스 미디어는 친절하면서도 배려심이 많은 기업가와 함께 협업하며 포용 마케팅을 고취하고 마케팅 대상과 감정적 연결을 구축하기 위해 노력하고 있다. 페퍼브룩스는 사회적 기업인으로서 기업가정신이 경제적 성장과 사회의 변화를 위한 하나의 도구라고 믿는다.

🌐 PepperBrooks.com

때때로 사람은 세상에 나 혼자 남겨진 것 같은 느낌이 들 때가 있다. 비즈니스에서도 마찬가지다. 하나의 소비자 그룹을 타겟팅하면 어쩔 수 없이 생기는 다른 그룹이 있다. 이때 이들과 소통하는 전략을 써보자. 이 포용 마케팅 전략을 잘 수행한다면 우리는 브랜드 인지도를 높일 수 있을 뿐 아니라 사회적 책임까지 가져갈 수 있다.

포용 마케팅은 당신과 고객 사이의 장벽을 없앨 것이다. 그리하여 기업을 향한 고객의 높은 충성도와 참여를 끌어낼 수 있다. 비즈니스에서 선택받지 못했던 소비자들이 실제로는 8조 달러 이상의 구매력을 지녔다는 연구 결과도 있다. 소외된 소비자에게 더 가까이 다가갈 수 있고 당신의 관점까지 넓힐 수 있는 10가지 방법에 대해 알아보자.

## 1. 나 자신을 돌아보자

내가 가진 편견을 인정하라. 내가 가진 선입견, 고정관념은 어디서부터 온 걸까? 내게 교육이나 정보가 필요한 분야를 파악해 두어라. 당신의 의식적, 무의식적 편견 사이의 대립은 독이 될 수 있다. 나 자신을 돌아보는 것을 무엇보다 가장 우선적으로 행해야 한다. 결코 쉽게 수행하기 힘든 과제다. 하지만 성장을 위해 필요한 일이다.

## 2. 조건을 버리고 생각하라

철학자 존 롤스John Rawls는 우리가 개발하는 아이디어에 더 객관적이고 공평하며 타당한 접근 방식을 취하려면 우리 자신이 누구인지, 우리가 처한 상황이 어떤지는 무시해야 한다고 주장한다.

당신이 아직 세상에 태어나지 않았다고 상상해보라. 어느 가정에 태어날지도 알 수 없는 상태다. 자기 외모, 신체, 성별, 종교적 신념, 언어, 교육이나 가진 재산 같은 것을 하나도 알지 못하는 상태다. 이때 당신의 모습을 상상하면서 마케팅 전략을 짠다고 생각하라.

## 3. 물고기가 있는 곳에서 낚시하기

기업은 다양한 세대가 가진 요구를 고려해야 한다. 디지털 미디어 사용에 어려움을 겪는 나이 많은 고객층에게는 인쇄물, 직접 우편, 텔레마케팅 같은 전통적인 마케팅으로 다가가자. 반면 빠른 변화에 익숙한 젊은 고객층에게는 트렌디하게 접근해보자.

## 4. 생체공학적 읽기

**이** 문단이 **다**른 문단보다 **읽**기 **쉽**은가? **이** 새로운 **읽**기 **시**스템은 **생**체공학적 **읽**기다. **타**이포그래피 **디**자이너인 **르**나토 **카**슈트Renato Casutt에 의해 **개**발되었다. **생**체공학적 **읽**기 **시**스템에서는 **단**어의 **첫** 글자를 **굵**게 **표**시함으로써 **응**시점을 만들어 **굵**게 **표**시한 글자 외 **나**머지 글자들을 **뇌**가 **빠**르게 **채**울 **기**회를 주어 **궁**극적으로는 **읽**기 **속**도를 **향**상한다. **타**이포그래피는 **독**자의 **정**보 **처**리 **방**법과 **기**업의 **제**품 혹은 **서**비스와의 **상**호작용 **방**식에 **영**향을 **미**친다. **폰**트는 **독**자의 **관**심을 **끌**고 **당**신이 **이**상적으로 **생**각하는 **고**객에게 **특**정 **메**시지를 **전**달한다. **여**러분의 **시**각적 **자**산에 **생**체공학적 **읽**기를 **적**절하게 **활**용하면 **난**독증이 있는 **소**비자 혹은 **주**의력 **결**핍 및 **과**잉 **행**동 **장**애 ADHD가 있는 **소**비자의 **마**음을 더 **사**로잡을 수 **있**을지 **모**른다. **생**체공학적 **읽**기는 **현**재 **모**바일 **애**플리케이션이나 **웹** 브라우저 **확**장판으로 **사**용할 수 있다.

## 5. 타이포그래피 효과를 주목하자

손 글씨나 필기체로 된 마케팅 계약서를 본 적 있는가? 그런 계약서가 덜 중요하게 느껴지거나 덜 전문적으로 보이지는 않았는가? 그와 반대로 어떤 문서에 직접 손으로 한 서명 대신 X 표시로 대체했다면 그 문서가 여전히 법적 구속력이 있을까?

다른 서체에 비해 이해하기 쉬운 서체가 있다. 읽기에 쉬운 서체는 고객이 콘텐츠를 읽는 속도를 줄이거나 읽기를 방해하지 않으면서 다양한 범주의 시각 장애를 지닌 고객들도 고려되어야 한다. 서체 계획 시 고려해야 할 다섯 가지 성공 요인은 다음과 같다.

- 읽을 대상을 생각하라.
- 변화를 받아들여라.
- 다양한 연구 및 데이터 활용을 고려하라.
- 필요한 수정이나 조정은 단계적으로 계획하라.
- 고객 개개인의 가치와 니즈를 고려하라.

## 6. 고객의 여정에 색을 더하라

시각적 교육 연합Visual Teaching Alliance에 따르면 인간의 뇌에서 처리되는 정보의 90%는 시각적 정보다. 시각적 인지, 특히 색깔은 강력한 비언어적 커뮤니케이션의 한 형태다. 미국의 교육자 에드거 데일 Edgar Dale은 사람은 듣는 정보의 10%만 기억하는 반면 눈으로 보는 정보는 65%를 기억한다고 말했다. 일반적으로 녹색은 자연을 대표하고 파란색은 물이나 하늘을 대표한다. 하지만 전 세계적으로 색채 연상과 각 색깔이 지니는 의미는 다양하다. 이런 다양성은 개개인의 경험, 문화권에 따라 달라지며 색약이나 색맹인 경우도 영향을 미친다. 색깔에는 다양한 정의와 아이디어가 포함될 수 있다. 색을 이해하고 특별한 목적을 가지고 사용하면 우리의 시장성을 향상하는 데 도움이 될 것이다.

## 7. 마음을 울리는 소리를 활용하라

소셜 오디오 플랫폼의 성장세가 무섭다. 이곳은 실시간으로 라이브 대화가 이루어지고 바로 당신의 고객과 연결된다. 기업마다 자신의 시력이 나쁘거나 저시력인 고객을 위한 브랜드, 상품을 상징하는 청각 로고sonic logos 역시 점점 개발되고 있다. 청각 로고는 브랜드 아이덴티티의 청각적 소개, 확장, 연상이 가능하다는 장점이 있다. 시각적 커뮤니케이션을 뛰어넘어 청각적 인식을 형성하는 브랜드는 오래도록 고객의 기억에 남을 것이다.

## 8. 촉각의 힘을 이해하라

이로포치Iro-pochi는 제품의 색상 정보를 점자처럼 알아볼 수 있는 태그다. 의류, 모자, 가방, 수건, 커튼 등 색상 정보가 필요한 물건에 바느질로 꿰매거나 다림질로 눌러 붙여 활용할 수 있다. 인간이 태어나고 가장 먼저 발달하는 감각은 무엇일까? 바로 촉각이다. 그만큼 촉각은 인간의 감정, 스트레스에 상당한 영향을 미친다. 우리는 누르기, 문지르기, 찌르기 등 행동을 통해 매일 같이 촉각 정보를 보내고 받으면서도 정작 촉각을 모든 감각 중에서 가장 간과한다.

인터넷의 성장과 온라인 쇼핑의 영향으로 촉각 마케팅은 점점 어려워지고 있다. 기술이 발전함에 따라 쥬얼리 브랜드 티파니앤코의 블루북Blue Book, 카탈로그 판매 방식을 내세웠던 컨슈머 디스트리뷰팅Consumer Distributing, 시어스Sears, 프리맨스Freemans 같은 대형 유통 매장은 오래된 추억이 되었다. 카탈로그를 펼쳐 사고 싶은 제품을 동그라미로 표시하거나 페이지 한쪽 귀퉁이를 접던 시절은 이제 기억의 한편으로 사라졌다. 이런 유통 매장의 대부분은 더이상 운영하지 않거나 전자상거래 매장으로 대체된 지 오래다.

## 9. 인간성에 충실하라

꼭 판매를 위해서가 아니더라도 스스로를 고객 앞에 나타내보자. 소비자는 점점 더 똑똑해진다. 진실하지 못한 기업의 거짓된 의도는 바로 눈치챈다. 다양성을 가진 사람들까지 포용할 수 있는 마케팅을 시행하고 다양한 생각과 관점을 활용하라. 특별한 날이나 캠페인 등 특정 기간에만 국한하지 않고 365일 내내 포용하는 태도를 보이는 기업이 되어라. 기존 고객과 신규 고객 모두와 진정한 관계를 맺는 기업으로 자리매김하라. '인간적인' 브랜드는 이익을 얻을 것이고 진정으로 모든 사람을 소중히 여기는 리더가 이끄는 기업이 소셜 미디어에 좋은 말로 오르내릴 것이며 더 좋은 리뷰를 얻고 입소문을 통한 매출이 증대될 것이다.

## 10. 포용 마케팅이 진정한 마케팅이다

드디어 이 특별한 책이 나왔다. 하지만 이 책은 빙산의 일각일 뿐이다. 이 프로젝트에 참여한 36명의 마케팅 천재들은 각 키워드를 맡아 집필하며 어떻게 하면 가장 중요한 팁을 매력적인 내용으로 풀어낼지 고민했다. 동시에 마케팅에 대한 우리의 열정이 모여 한 권의 책으로 탄생한다는 새롭고 소중한 정서적 도전을 함께 겪으며 경이로움을 느꼈을 것이다. 이들을 한 권의 책으로 모은 나, 마크 W. 셰퍼도 프로젝트의 진행 과정에서 표출되는 두려움, 연민, 불안, 흥분, 탈진, 좌절감, 자랑스러움, 승리감 같은 다양한 감정을 모두 지켜봤다는 사실이 매우 흥미롭다.

지금까지 이런 프로젝트나 경험은 없었다. 이건 단순히 책 한 권을 만드는 일이 아니라 한 편의 리얼리티 쇼 같았다. 누군가 불안해하고 자신이 없다고 느낄 때 다른 구성원들이 모여서 그를 지지하며 조언하고 심지어는 편집 작업을 도와주기도 했다. 우리 모두 책 한 권을 만드는 데에 들이는 노고와 집중에 대한 배움을 얻은 건 물론이고, 새로운 감정의 유대관계를 성립하고 우애를 쌓았다.

우리의 목표는 뭔가 놀라운 걸 만들어 내는 일이었다. 나는 이 책이 세상에 선물이 되리라 생각한다. 우리는 750여 년이 넘는 전문적인 마케팅 경험으로 마케팅에 대한 신선하고 실용적인 시각을 전달했다. 물론 이 책은 우리 자신에게 새로운 경험, 관점, 자신감이 담긴 자신만의 특별하고도 놀라운 선물이기도 하다.

라이즈 커뮤니티의 앞날에 무엇이 기다리고 있을지 모르지만, 우리는 이제 막 우리의 미래를 향한 여정을 시작했다. 그리고 나는 여러분도 함께 하기를 바란다! 우리는 마케팅의 미래를 배우기 위해 전념하고 있으며, 우리 커뮤니티는 모두에게 무료로 개방되어 있다. 라이즈 커뮤니티에 관한 상세한 정보는 https://businessesgrow.com/rise-community/에서 찾아볼 수 있다.

마크 W. 셰퍼Mark W. Schaefer

## 감사의 글

이 책에 참여한 많은 작가 외에도 라이즈 커뮤니티 구성원이자 모든 장의 편집을 자진해서 맡아준 조앤 테일러Joanne Taylor, 브라이언 파이퍼Brian Piper, 다니엘 네슬레Daniel Nestle에게 특별한 감사의 말을 전한다. 카미 후이제Kami Huyse는 조에티카 미디어 에이전시Zoetica Media Agency를 통해 이 책의 홍보에도 힘써 주었다.

(원서의 경우)프랭크 프렌더가스트Frank Prendergast는 책 표지를 만들기 위해 AI를 활용한 디자인의 새로운 한계를 넘는 시도를 했다. 책의 내지 디자인은 켈리 엑세터Kelly Exeter의 작품이다. 책의 마지막 다듬기는 에디터 엘리자베스 레아Elizabeth Rea가 맡았고, 오디오북은 베키 니만Becky Nieman이 편집을 진행했다.

## 참고자료

---

### 2장 4P : 잘 파는 사람의 특징

1 McCarthy, E. Jerome. *Basic Marketing: A Managerial Approach.* Homewood, Ill.: Richard D.Irwin, 1960.

2 Weiss, Emily. "Into the Gloss." https://intothegloss.com/.

---

### 3장 알고 싶은가? 질문하라!

3 Goddard, Jackie. "The Creativity, Philosophy and Art of Marketing." Power To Speak – The Podcast, September 20, 2022. Podcast. https://atticuscreativeconversations.podbean.com/e/the-creativity-philosophy-and-art-of-marketing/.

---

### 4장 마케팅 시대에서 관계의 시대로

4 O'Neill, Michael. "The Evolution of Marketing (Infographic)." *Brafton*, October 4, 2021. https://www.brafton.com/blog/content-marketing/evolution-of-marketing/.

5 Ordenes, Francisco Villarroel, Dhruv Grewal, Stephan Ludwig, Ko De Ruyter, Dominik Mahr, and Martin Wetzels. "Cutting through Content Clutter: How Speech and Image Acts Drive Consumer Sharing of Social Media Brand Messages." *Journal of Consumer Research*, 45 no. 5 (February 2019): 988-1012. https://doi.org/10.1093/jcr/ucy032.

6   Crestodina, Andy. "[New research] Social media psychology: Why do we follow? Why do we share? Here are 5 things marketers miss." *Orbit Media Studios*. https://www.orbitmedia.com/blog/social-media-psychology-research/.

7   Zhou, Lingrui, Katherine M. Du, and Keisha M. Cutright. "Befriending the Enemy: The Effects of Observing Brand-to-Brand Praise on Consumer Evaluations and Choices." *Journal of Marketing* 86 no. 4 (2022): 57-72. https://doi.org/10.1177/00222429211053002.

8   "What creators should know about Google's August 2022 helpful content update." *Google Search Central Blog*, August 18, 2022. https://developers.google.com/search/blog/2022/08/helpful-content-update.

9   Laney, John. "Walmart is Helping Customers Set the Table this Holiday Season with This Year's Thanksgiving Meal at Last Year's Price." *Walmart*, November 3, 2022. https://corporate.walmart.com/newsroom/2022/11/03/walmart-is-helping-customers-set-the-table-this-holiday-season-with-this-years-thanksgiving-meal-at-last-years-price.

10  Sheridan, Marcus. *They Ask, You Answer: A Revolutionary Approach to Inbound Sales, Content Marketing, and Today's Digital Consumer*. Hoboken: Wiley, 2019.

11  Patel, Neil. "Should You Link Out to Your Competitors?" YouTube, June 29, 2017. https://youtu.be/DC8LZx4zNKU.

12  Wise, Jason. "How many blogs are there in the world in 2023?" Earthweb, November 29, 2022. https://earthweb.com/how-many-blogs-are-there-in-the-world/.

13  Harhut, Nancy. Using Behavioral Science in Marketing: Drive Customer Action and Loyalty by Prompting Instinctive Responses. London: Kogan Page, 2022.

## 6장 디지털 세상에서 고객을 맞이하라

14 Chevalier, Stephanie. "Global retail e-commerce sales 2014-2026." *Statista*, September 21, 2022. https://www.statista.com/statistics/379046/worldwide-retail-e-commerce-sales/.

## 7장 마케팅의 꽃, 마케팅 측정

15 Recreational Equipment, Inc. (REI). "Who we are." https://www.rei.com/about-rei.

16 Harris, Michael, and Bill Tayler. "Don't Let Metrics Undermine Your Business." *Harvard Business Review*, September-October 2019. https://hbr.org/2019/09/dont-let-metrics-undermine-your-business.

## 8장 콘텐츠 마케팅은 최고의 선택이다

17 Kirsch, Katrina. "The Ultimate List of Email Marketing Stats for 2022." *Hubspot*, November 30, 2022. https://blog.hubspot.com/marketing/email-marketing-stats.

## 10장 사람들의 귀는 늘 열려있다

18 Podcast Index. https://podcastindex.org/.

19 Edison Research. "The Infinite Dial 2022." March 23, 2022. https://www.edisonresearch.com/the-infinite-dial-2022/.

## 11장 콘텐츠의 왕

20 McCarthy, John. "Media Trends and Predictions 2023." Kantar

Group. https://www.kantar.com/campaigns/media-trends-and-predictions-2023.

## 12장 새로운 커뮤니케이션의 탄생

21 Kotler, Philip, Hermawan Kartajaya, and Iwan Setiawan. *Marketing 4.0: Moving from Traditional to Digital*. (New Jersey: Wiley, 2017).

## 14장 소셜 미디어는 이미 포화상태다

22 Kepios. "Global Social Media Statistics." DataReportal, https://datareportal.com/social-media-users.

23 Sprout Social. "#BrandsGetReal: What consumers want from brands in an increasingly divided society." https://sproutsocial.com/insights/data/social-media-connection/.

24 Edelman. "2022 Edelman Trust Barometer." https://www.edelman.com/trust/2022-trust-barometer.

## 15장 페이스북을 위해

25 Statista. "Number of monthly active Facebook users worldwide as of 3rd quarter 2022." https://www.statista.com/statistics/264810/number-of-monthly-active-facebook-users-worldwide/.

26 Facebook, Inc. "Fourth Quarter 2020 Results Conference Call." January 27, 2021. https://s21.q4cdn.com/399680738/files/doc_financials/2020/q4/FB-Q4-2020-Conference-Call-Transcript.pdf.

27 Cucu, Elena. "Social Media Reach Is Declining on All Major Platforms." Socialinsider, September 2, 2022. https://www.socialinsider.io/blog/

social-media-reach/#socialmediareach.

28 Hasen, Jeff. "Businesses aren't getting the message: new report finds brands are leaving customers frustrated by failing to reply." Sinch, March 31, 2022, https://www.sinch.com/news/new-report-finds-brands-are-leaving-customers-frustrated/.

29 Meta. "Launching Facebook Reels Globally and New Ways for Creators to Make Money." February 22, 2022. https://about.fb.com/news/2022/02/launching-facebook-reels-globally/

30 Hootsuite. "The Global State of Digital 2022." https://www.hootsuite.com/resources/digital-trends.

31 Meta. "3 Million Advertisers." https://www.facebook.com/business/news/3-million-advertisers.

32 Facebook. "We're Launching New Engagement Features, Ways to Discover Groups and More Tools for Admins." October 1, 2020. https://www.facebook.com/community/whats-new/facebook-communities-summit-keynote-recap/.

33 Meta. "Notice and takedown." https://transparency.fb.com/data/intellectual-property/notice-and-takedown/facebook/.

## 18장 오늘을 팔로우하고 내일을 태그하라

34 Hull, Patrick. "Don't Get Lazy About Your Client Relationships." *Forbes*, December 6, 2013. https://www.forbes.com/sites/patrickhull/2013/12/06/tools-for-entrepreneurs-to-retain-clients. 35 Harhut, Nancy. Using Behavioral Science in Marketing: Drive Customer Action and Loyalty by Prompting Instinctive Responses, 1st Edition. London: Kogan Page, 2022.

35 Harhut, Nancy. *Using Behavioral Science in Marketing: Drive Customer Action and Loyalty by Prompting Instinctive Responses*, 1st Edition. London: Kogan Page, 2022

## 21장 집으로 편지를 보내라

36 Placek, Martin. "United States Postal Service's advertising mail volume from 2004 to 2021." Statista, April 12, 2022. https://www.statista.com/statistics/320243/advertising-mail-volume-of-the-usps/.

37 ANA. "ANA Response Rate Report, 2021." ANA, January 10, 2022. https://www.ana.net/miccontent/show/id/rr-2022-01-ana-response-rate-report-2021.

## 26장 커뮤니케이션은 기술이다

38 Edelman. "2022 Edelman Trust Barometer." January 2022. https://www.edelman.com/trust/2022-trust-barometer.

## 27장 입에서 입으로 전해지는 힘

39 Keller, Ed, and Brad Fay. *The Face-to-Face Book: Why Real Relationships Rule in a Digital Marketplace*. New York: InkWell Publishing, 2015.

40 Baer, Jay. "Word of Mouth Strategy and Talk Triggers." Filmed 2019 at World Series of Sales, Las Vegas, NV. Video. https://www.youtube.com/watch?v=AcpCYe6BEU8.

41 Digby, James "50 Facts about Customer Experience," Return on Behavior Magazine, October 26, 2010, http://returnonbehavior.com/2010/10/50-facts-about-customer-experience-for-2011

## 30장 우리에게 가상 공간이 주어진다면?

42 Ball, Matthew. *The Metaverse: And How It Will Revolutionize Everything*. New York: Liveright Publishing Corporation, 2022

43 Aiello, Cara, Jiamei Bai, Jennifer Schmidt, and Yurii Vilchynskyi. "Probing reality and myth in the metaverse." *McKinsey & Company*, June 13, 2022. https://www.mckinsey.com/industries/retail/our-insights/probing-reality-and-myth-in-the-metaverse.

44 Kenan, Jamia. "How to join the Metaverse: The complete guide for your brand." *Sprout Social*, August 11, 2022. https://sproutsocial.com/insights/how-to-join-the-metaverse/.

## 31장 웹3의 놀라운 가치

45 Ferrill, Elizabeth, Esq., Soniya Shah, Esq., and Michael Young, Esq. "Demystifying NFTs and intellectual property: what you need to know." *Westlaw Today*, May 10, 2022. https://today.westlaw.com/Document/I6bfad62bd07311ec9f24ec7b211d8087/View/FullText.html

옮긴이 박지혜

영어영문학과를 졸업하고 국내 굴지의 해운회사에서 근무하다 영어로 일하는 직업을 가지고 싶다는 오랜 꿈을 좇아 통번역 석사과정에 진학했다. 여러 기관에서 인하우스 통번역사로 근무했으며 현재 출판번역에이전시 글로하나에서 인문, 경제경영, 건강 등 다양한 분야의 영어 도서를 리뷰, 번역하며 영어번역가로 활동하고 있다. 역서로 『무조건 팔리는 카피』『스마트폰과 헤어지는 법』『지혜란 무엇인가』가 있다.

## 마케팅 천재들의 비밀노트 350

**1판 1쇄 인쇄** 2024년 8월 28일
**1판 1쇄 발행** 2024년 9월 11일

**지은이** 마크 W. 셰퍼
**발행인** 김태웅
**기획편집** 이미순, 박지혜, 이슬기
**마케팅 총괄** 김철영　　　　**마케팅** 서재욱, 오승수
**표지 디자인** 지완　　　　　　**본문 디자인** 호우인
**온라인 마케팅** 하유진　　　　**인터넷 관리** 김상규
**제작** 현대순　　　　　　　　　**총무** 윤선미, 안서현, 지이슬
**관리** 김훈희, 이국희, 김승훈, 최국호

**발행처** ㈜동양북스
**등록** 제2014-000055호
**주소** 서울시 마포구 동교로22길 14(04030)
**구입 문의** (02)337-1737 **팩스** (02)334-6624
**내용 문의** (02)337-1763 **이메일** dymg98@naver.com

ISBN 979-11-7210-062-9 03320